ヴォーリズ著作集 1

吾家の設計

W・M・ヴォーリズ 著

一粒社ヴォーリズ建築事務所 監修　　公益財団法人 近江兄弟社 協力

HOW SHALL I PLAN MY HOME?

WM・MERRELL・VORIES・

創元社

『吾家の設計』初版
（1923年刊）書影

『吾家の設計』五版
（1930年刊）書影

ウイリアム•メレル•ヴォーリズ

（William Merrell Vories 1880－1964）

目次

凡例

一、底本には書籍『吾家の設計』(初版、一九二三年刊)を用いた。また、改訂版(五版、一九三〇年刊)で追加になった本文と図版も補遺として掲載した。

二、底本の図版(写真・図版)のうち、図版の原版を探索して見つかったものは差し換えた。差し換えた図版のそばに小さく†印を付した。原版のないものは底本版面から複写した。

三、底本では横倒しで掲載されていた図版(写真・図版)のうち主に写真は、底本の掲載寸が維持できる場合は正向きに改めた。一方、主に図面は、文字の可読性を高め、掲載寸を極力維持・拡大するため横倒しのままとした。

四、本文中には、現代の社会通念に照らして不適切とされる表現も見られるが、作品の歴史的価値と資料性を鑑み、原文のままとした。

五、翻刻にあたり、以下の要項で表記を整えた。

(一)旧仮名づかいを現代仮名づかいに改めた。

(二)旧字を新字に改めた。

(三)副詞・接続詞・代名詞などの読みにくい漢字や、外来語以外の片仮名のうち、使用頻度の高いものを、一定の原則のもとに平仮名に改めた。

(四)難読語や誤読のおそれのある語には読み仮名を付した。

(五)底本には助詞の脱落が散見され、送り仮名も活用形などが不統一であるため、読者の便を考え、それらの多くを補った。

(六)読点(、)のうち、現代で句点(。)や中黒(・)に相当する箇所はそのように改めた。また、省略または脱落と考えられる行末や文中の句読点を補った。

(七)目次にあって、本文で省略されている見出しを補った。また、目次と本文見出しの不一致や見出し番号の誤りを正した。

(八)大字(だいじ)(壱・弐・参等)は漢数字(一・二・三等)に改めた。

(九)明らかな誤字脱字には訂正を施した。

(一〇)以上のとおり、表記の整理は原文を尊重して一定の枠内に抑え、いたずらに改変は行なわないこととした。

吾家の設計

PREFATORY NOTE

During the past two or three years I have been repeatedly asked to prepare a book on the practical planning of residences, but altho I have hoped to comply, the time for such a work has never been found.

Last winter there came a request for a series of lectures on rational housing, and this being a less exacting use of the many notes and experiences I had been collecting, I agreed. Then came the idea of having a stenographic report taken during the lectures as a basis for the book. And so it has come to pass that the modest work now presented to the public is not a carefully written treatise done in my mother-tongue and translated into proper Japanese; but a popular dissertation in the author's imperfect Japanese, direct.

For this reason, it contains many flaws in expression and inadequate explanations of my real thoughts on the subject. But this defect is probably less a drawback than that of translation by another hand.

The best excuse for this book is the writer's desire to forestall, even if in a small measure, the inconvenience to owners, and the possible reaction back to antiquated living conditions, which there is at present some danger of experiencing on account of ill planned and poorly equipped residences of so-called “foreign” style, which are unfortunately springing up on all sides in Japan of late.

If this volume shall succeed in awakening even a few Japanese home-makers to the importance of adequate care in planning and equipping their houses, it will amply reward the author for the effort involved.

I wish to express my thanks for the several friends whose help and advice have made the preparation possible. To Mr. S. Nishio for the arduous work of taking down the original lectures in shorthand; to the office staff of W. M. Vories & Company, for preparing drawings and reading proofs; and to the many friends thruout Japan who have encouraged me in my work. And I should like to add the hope that any who are sufficiently interested in the subject to wish further information will not hesitate to write me directly or to pay a visit to our head offices at Omi-Hachiman.

Wm. Merrell Vories

Omi-Hachiman,
April, 1923.

東京市の一住宅（コロニアル式）

東京市内の一住宅（イタリヤ式）　†

北側建圖

二十坪住宅の設計（その一）

東側建畫

二十坪住宅の設計（その二）

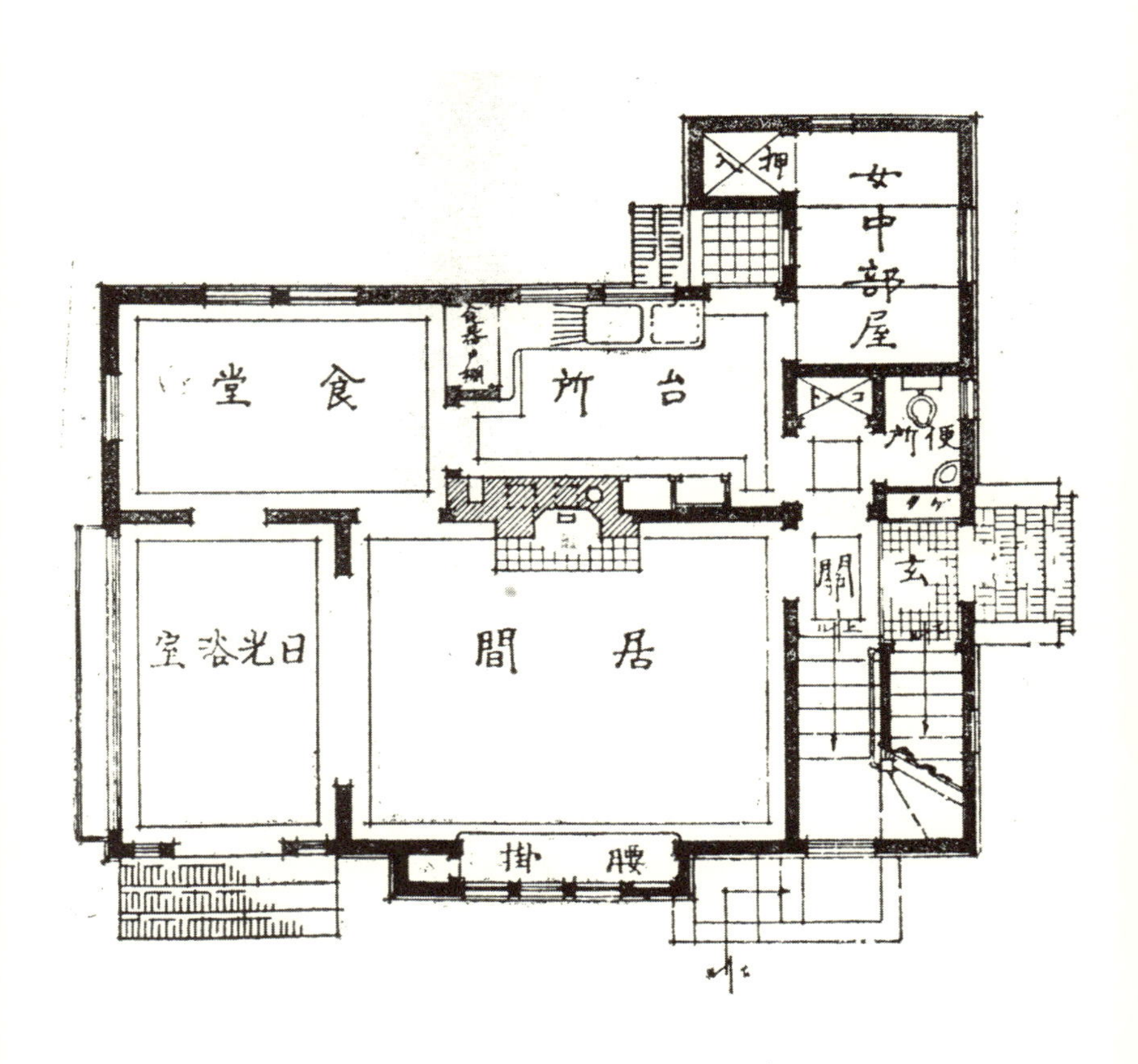

壹階平面圖

二十坪住宅の設計（その三）

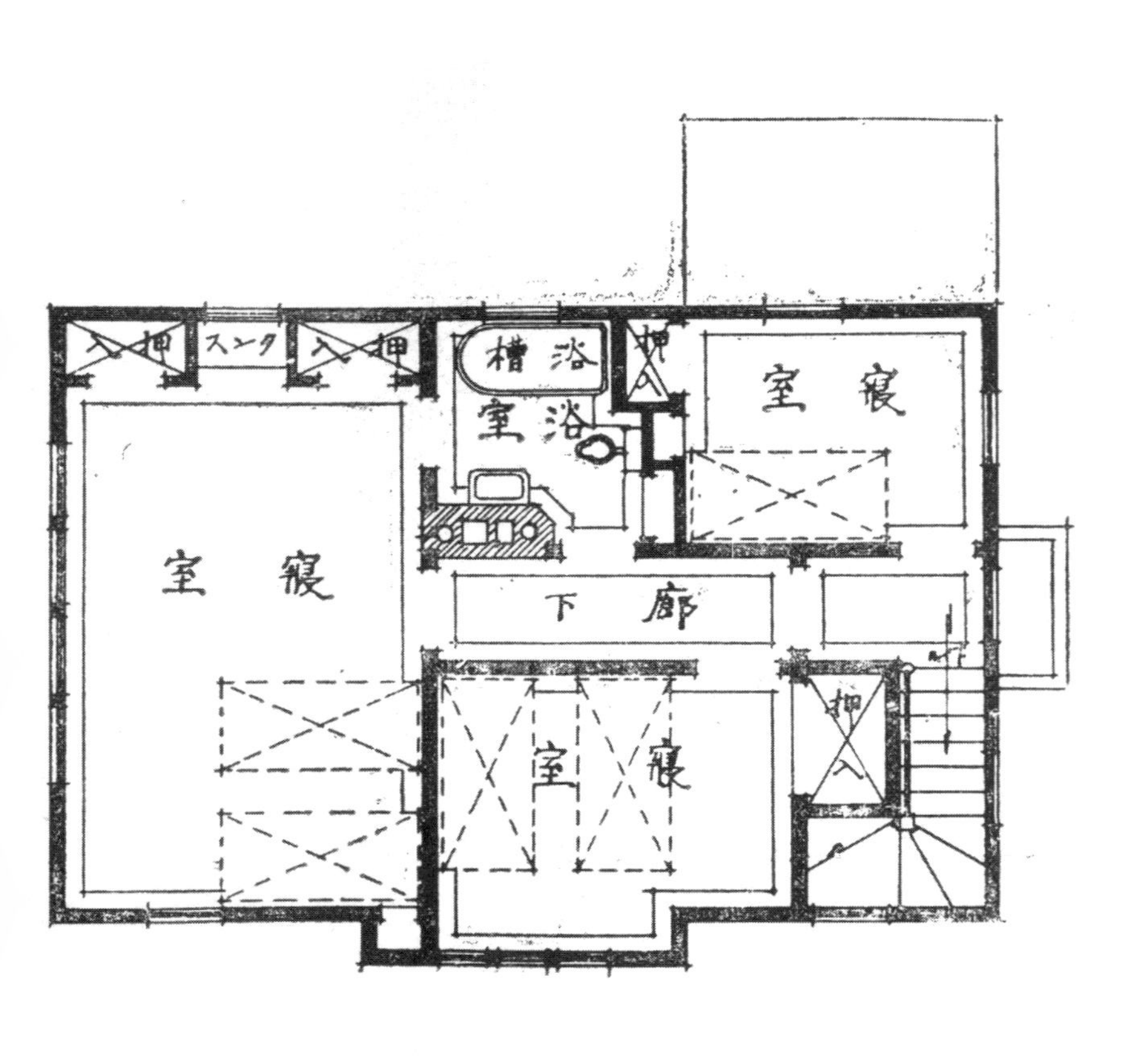

貳階平面圖

二十坪住宅の設計（その四）

神戸郊外一住宅階段室　ステンドグラス窓
(米国ティファニー製)

同上　玄関広間　†

地方小都会における小住宅二つ　†

吾家の設計

第一講

一　建築問題

私の日本語はちょっと妙な日本語です。じきに解らぬような、たぶん今まではお聞きになりませんような日本語で、話しますから、あるいはお解りにくいでしょうが、どうぞそのつもりで、大いなる同情をもって、また我慢をして聴いて頂きたいです。その代わり、どうぞ十分お笑いになって、なんぼ笑ってもちっとも差し支えありませんから、間違いましたときには自由にお笑いなさい。私はもう十八年も日本におりますから、少しは完全に日本語を使うことができるはずですけれども、どうもいろいろ忙しいので、本当に言葉の研究をする時間が一つもない。だからただ走りながら、片一方の耳に入ったかと思うと、おおかた他の耳から逃げてしまったんでしょう。それで日本語はわずか十分の一ぐらいしか残っておりませぬ。そんなことは別に弁解の必要もないと思いますが、実際言い方が拙いのですから、それだけはどうぞ御承知をして頂きたい。

そこで講義に移りますが、なぜこういう問題について、皆さんのお集まりのところで、そしてこんな不準備な、つまらんお話をするかというと、二つの理由がある。一つは、この頃西洋館についての考えがずいぶん発達して、日本のどこに行きましても、まるで松茸みたいに、あっちこっちに住宅ができて、ほとんど夜の間にできたように、筍といった方がいいかも知れんが、昨日まで野原であったところに、今日はもう立派な住宅がぽんぽん出来ておる。そうしてその中に西洋館がたくさんあるという工合(ぐあい)に、今日西洋館が非常に盛んになったので、それについて黙っておることがちょっとできない。もう一つは、そのあちこちにできた西洋館がです。それが外部から見て醜いものばかりと言うのではありませんけれども、まあ実際に入ってみて、中の設備とか何とかいうものに不便なところがあったなら、生活を楽にするためにわざわざ造った西洋館が、かえって生活の邪魔をするようなものになって、そのために、またこれに対する反動が起こりはせんかと思います。いまさいわい文化生活の問題が起こりまして、住宅問題などもだいぶ盛んになりましたのに、その実際の家が不便であったならば、実際上に注意を怠ったならば、かえってまた昔の通りに逆戻りさせてしまう。せっかくここまで進んで来た文明を、すっかり壊してしまいはせぬかと、私はそれに対して二三年前から心配しておりますので今日の話もそういう訳からです。

建築問題というと大きな問題ですが、建築の歴史とか、あるいは建築のスタイルというようなことは、なにも強いてお話しする必要はないと思います。あるいは他のときには話す必要があるか知らんが、少なくとも今日の講義の目的は、さきほども言いました通り、本当に一つの小さな部分の『理想的住宅建築の要領』という根本主義についてお話しします。

二　五つの根本問題

有名な仏蘭西（フランス）のサバラン*という人が――私は子供のとき少しやったきり仏蘭西語をよく習っておりませんから英語で言いますが――こういうことを言いました。

“Tell me what you eat, and I will tell you what you are.”

つまり日本語で言うならば、『人の常食はその人を現わす』でしょう。これを聞いて子供の時私は非常に感じた。ところがこの頃さらに、これをちょっと直して

“Show me your house, and I will tell you what you are.”

ということにしたらなお適当ではないかと思っております。日本語で言うと、『人の住居はその人を現わす』。実際そうでしょう。着物を着るにしても、洋服を着るにしても、形とか色合いとか、やはりその好きなものを着るとすると、趣味の方面からでもいくぶんかその人の精神が分かるはずです。住宅

*ブリア＝サバラン（Brillat-Savarin　1755–1826）はフランスの弁護士、政治家。『美味礼讃』を著した食通としてつとに有名。

においては殊にそうだと思います。もちろん先祖代々から伝わって仕方無しに貰った家なら、それは自分の考え通り建てたのでないから問題は別ですが、それにしても自分が住んでおる上はいくぶんか使い方が違う。貰ったからって貰ったままではありません。ちょっとこっちを直すとかあっちを変えるとか、多少は必ず変化して来ますから、それによって大体その人が解る。だから今日のお話は人間の根本問題に入って来るのです。

一体人間が住宅を建てるようになったについては、その目的が五つあると思います。

第一は、ごくごく昔の土人*のような、まるで猿に近い原始時代においては、家というものはただその人を保護するためであった。一個人が洞穴のなかに入っておるとか、あるいは木の枝の集まっておる所に、または枝葉や藁でもってきわめて簡単な住居を拵えた。これはむろん自分の身体一つ入るだけのことで、つまり雨や風から自分の身体を保護するという、ただそれだけの本能的なごく単純な目的であった。ところがもう少し進みますと、人間に財産という観念ができて来て、身体ばかりでなく財産をも護るようになる。一方

＊原始的生活をしている土着の人々を言う。

敵は獣類のみではなくなって、これらを護るためには、どうしてもそんな洞穴や、あるいは木の枝葉を集めただけでは満足できない。そこで出来るだけ丈夫にする、戸をつける、錠前をつける、という風にいろいろな設備を施して、そうして後の半分はつまり安全ということを目的とするようになった。

それから第二に進みますと、今度は安楽という問題になります。初めはその考えはなかったんですが、だんだんその簡単な家に藁が敷かれるようになったり、それでもいかんというので床（ゆか）を張る。まだ満足できなくて敷物（しきもの）を用いるようになる。一面においては、どんな低い程度の、趣味のない土人の家に行っても分かる通り、いくらか飾りというものが始まって来る。不恰好な彫刻というようなもの。あるいは何かで絵を張る。すなわち飾り物です。これが進んで来ると建築というものが本当に始まって、いままではただ一個人に対する安全が土台になっていましたが、安楽の問題になって来ると、家族全体の便利が基調になって、家庭のためにするいろいろの設備ができる。例えば暖房の設備、水道及び下水の設備、それから装飾の如きもので、これらは安楽の目的から出ておると思います。

第三の目的は、日本語ではちょっと難しいです。何故なら、日本の建築にはまだちっとも入っておらぬ問題ですから英語ではこれを「privacy（プライヴェシー）」と言いますが、つまり個性の発展のために、自分の趣味に合い、自分の気に入る秩序をとって行くように、家族の各々が別々の部屋をもつという意味です。昔は少しもそういう考えがなかった。一家族が一つの家に住むならば、親も子も、爺さんも婆さんも、みんな一緒で、何にも区別がない。だからその家庭の秩序というものは、多少その家の気分を表わしておるとしても、何か説明がなくてはよく分からぬぐらい、個性を伸ばすことには少しも考えが及んでいなかった。けれどもそれでは満足できないから、家族の一人一人が、自分の個性に合った別々の生活のできるように準備する。一方居間寝室食堂というように役立つ場所によって区別する事になりました。

去年の春でした。私は西江洲*の、それはそれはほんとうの田舎の村に入って、ある人の家を訪ねました。田舎の家は屋根が藁で葺（ふ）いてある。そしてその家の玄関に入って一番先に眼につくものは、さあ何でしょう。お風呂です。お風呂が玄関の真中（まんなか）に据（すわ）っておるんです。私もあまり遠慮ないか知らんが、

＊江州（洲）は近江国の別称で、琵琶湖を挟んで東西に分けた。つまり現・滋賀県の湖西地方のこと。

ちょっと頭と足を入れると、ぽんと飛び出したものがある。驚きました。茹(ゆで)蛸(だこ)のような裸体です。『さあどうぞお入り下さい』。お風呂から上がったままにしても何でも、裸体で出て来るというようなことは、大変失礼ですけれども、田舎では普通で、別におかしいとも何とも考えませぬ。そこに飾り気のない質朴な、田舎らしい面白いところもあります。とにかくその人は、いままで天理教の名前は知りませんが責任者で、その方に熱心にいろいろ運動しておりましたけれども、同じ年の夏の間に急に基督(キリスト)教にかわってしまいました。そして秋になってから私がもう一遍(いっぺん)訪ねて行きますと、また驚きました。えらい変わったことがある。別に私は話はしませんでしたが、家に入って、何か物足りない気がする。ふとこの前のことを思い出して、お風呂はと見ると、今度はもうそこにはなくて、その左側に別に廂(ひさし)ができ、簡単に壁まで出来て、そこにお風呂が据(す)えてある。感心しました。わずか半年の間にあれだけ文明が進みましたので。

　ともかく文明が進みますれば、一緒の部室(ぶしつ)*では満足できなくなる。だんだん分けて別々にする必要を感じて来ます。だから、この目的は十分理解して

*小分けした部屋の意。

おかなくてはならぬと思います。

ところが第四はなお大事な問題です。それは健康の問題で、いままではただ無茶苦茶に雨風さえ入らなければ結構だと思っていた家に、急に不完全を感じ出す。つまり問題が深くなって、衛生的でなくてはならぬと注意して来るのであります。なるほど、屋根ができ、床（ゆか）ができ、戸ができ、壁までも完全にできたとすれば、私どもはまず安心して住まうことができますけれども、どうもその家に入ると病気をする。初めに子供が病気する。それから年寄が患（わずら）う。というように年々病気ばかりして、いつもかも苦んでおるという家があります。どうも不思議だ。よく調べてみると、戸を締めたときに空気が換わらないとか、下から湿気が上がるとか、あるいは光線がよく入らないとか、とにかく入る人も入る人も病気になるような家は、どこか健康を害するような欠陥をもっておる。すなわち家と健康とに密接な関係があるということを覚（さと）って来る。この問題はほんとうに徹底しなくてはならぬと思います。お医者さんや薬屋にたくさん金を出して、その上苦しむ。家族みんな心配をする。それよりも完全な家にして健康を十分護った方がよほど賢いと思います。けれどもまた病気した方がいいというような、不注意な家に住まっておる人もあるかも知れませぬ。

第五は、人種の発展とでも言いましょうか。人の住居は、先ほど言いました通り、その人の精神をも現わします。そしてそれは一個人に対してばかりではありません。一家族ひいては一般の状態をも現わします。そこで実際歴史を見ると、その国でも、あるいは国民でも、昔の型にきまったことばかり守っておるようでは、ちっとも文明が進みません。従って発展もしません。だんだん時代に遅れて、衰微してしまいます。ところが日本はどうでしょう。日本は最近非常な進歩をしたけれど、住宅問題においては、まだ旧式のものが多くて、大変遅れておると思います。社会一般のことから言うと、たった七八十年の間に、いやもっと近い五六十年の間に、他の国が二百年も三百年もかかって築き上げたところを、一遍に、一足飛びにやって、世界中をびっくりさせました。それほど早く文明が進歩しました。けれどもどういう訳か住宅のことは少し遅れております。ですから今日の問題はよほど大事な問題で、ただに一個人ばかりでなく、やはり我が国にとって軽く視ることはできないと思います。

三　住宅の意義と愛児中心の設計

以上五つの根本問題で、住宅に対する人間の注意すべき点は、おおかたお解りになったことと思いますが、ここにもう一つ、それは最も大事なもので、しかもすぐ忘れるらしい問題があります。何でしょう。前の五つよりも先に、昔も今も変わることなしに、私どもの忘れられない、また忘れてはいけない、それでいて等閑（なおざり）にしやすい問題です。それは自然の方面に顧み、空飛ぶ鳥を考えると、誰もお解りになる。本当の住宅、住宅より先の住宅の問題です。御覧なさい。鳥が二羽夫婦になる、家をたてる、巣ができあがる。この鳥の巣こそ住宅の根本問題です。巣ができ上がると鳥達は、まずそこに卵を生みます。一つ二つ三つ、いくつかきまっていませんが、その卵が巣を占領して、親鳥は入られない。そんならどこに住むか。どこでも宜しい。樹の枝に、あるいは屋根の下に。彼等自身の宿は問題でない。彼等の家を建てる根本目的は、言うまでもなく子供のためです。そこで吾々（われわれ）は非常に自然から教えられます。吾々の今までの文明は、吾々を、お酒に酔った千鳥足みたいに、あっちこっちにふらふらさせて、まっすぐに目的に進むことを邪魔しました。吾々はいまこそ自覚して、その自然の教うるところに、よほど考えなければならぬことがあると思います。

　日本の家に入るなればどうでしょう。一番立派な設備はどこにありますか。まずおおかたの家がお座敷、客間です。お客さんに見せるのが第一で、「まあお上がりなさい」、というので無理にも引っ張りあげて座敷を見せる。「これは立派です」とびっくりすれば、主人も奥様も大満足で、子供なんかどうでもいいような有様（ありさま）。綺麗なお庭をつくる。そしてそこに立派な泉水*までできて、橋が架けてあるというような贅沢加減。どうでしょう。どうせその泉水にはいつも水が流れておる訳ではないから、まず橋なんか不必用（ママ）です。その橋に何千円、灯籠（とうろう）に何百円というようなたくさんのお金がかけてある。それぐらいなら子供はよく注意してあるかと思うと、これはまた大違いで、庭木を折ったらいけない、石を壊したら大変と、いつも追い出されて、大道へ出

＊庭園に作られた池。

て遊んでいる。自動車が通る。車が通る。実に子供は命懸けで遊んでいるのですが、親の方は割合平気なもの。そこに根本的の間違いがあると思います。客間は額も掲けられており、花も活けられており、掃除も行き届いて、お庭に面したところに、心地よく設備してあるにもかかわらず、家族の住む居間の方は、ごく粗末な、畳のぼろぼろになった、光線も入らぬ北側にあって、その暗い汚い所に、まるで鼠みたいな生活をしておる。既にこれすらが情けない。人間がどういう訳で住宅を建てるようになったのか、ほとんど御存じないように、家本来の目的から、全然逸してしまっているのが従来の建築のやり方でした。住宅は飾りではありません。けれども、客間は飾りです。飾りは一番後にすべきもの。第一に子供のために。これは自然の本能から説明できる。子供の健康、子供の教育、これらに合しないもので、吾々どうして満足することができましょう。

　この二三年前でしたが、私はほんとうに喜んだことがありました。それはある貴族院議員の息子さん*で、まだ結婚したばかりで、向こうからちゃんと設計までして頼まれたのでしたが、それには、東と南の方に、ごく立派なと

＊貴族院とは大日本帝国憲法下で帝国議会を構成した皇族議院や華族議院からなる一院。この息子とは、後にヴォーリズと結婚することになる満喜子の兄・広岡恵三のことで、恵三の実父・一柳末徳は貴族院議員であった。

ころを、第一に子供さんの部屋としてある。なに、結婚早々、子供なんかありやしない。けれども、そのこれを拵えた目的はすぐ解りましょう。理想的です。そういう特別階級の人に対して始終色々言う私も、そのときだけは非常に感服しました。

もう一つ、二三年前に拵えた大阪のあるお金持ちの住宅、客間でも居間でも十分に金を使って、実に立派なもので、感心なことに、自分の子供を決して忘れませんでした。男の子が四人おりましたが、その家の三分の一ぐらいを子供のために割いて、子供に一人ずつ、別々の部屋をつくってやった。それればかりではなしに、子供の遊ぶところをというので、お庭に大きな場所をとって、テニスなんかする運動場をちゃんと拵えた。特に感心したのは、別に付属家を建て完全なスイミングプール（水泳池）の設備をなし、そこには暖房の装置まで施し、寒いときでも寒気に妨げられずに水泳ができるという工合。その他まったく子供に対する理解が行き届いておると思いました。何でもこの人は、若い時にいいかげん道楽をして、ようやく一人前になったけれども、自分の若いときを振り返ってみると、親の無理解からしてああなったんではなかろうか。するとこの四人の子供も、自分達が注意を怠ると、また自分のように堕落するのではあるまいかとこういう心配をもっていた苦労人で、私もなるほどと思いました。勉強をする場所もあれば、遊んだり運動したりする所があって、何でもかんでも自分の思うようにでき、そして吾家が、他のどこよりも居心地のよい、愉快なところだと気がつけば、わざわざいろんな所へ行くはずもなく、従って道楽もしません。堕落もしません。その人は本当に住宅の根本目的を覚(さと)った、非常に賢い人だと思いました。この講義のうちに、こういう根本目的を皆様によく解って頂きましたら、私は非常に有り難いと思います。

四　個性尊重のために

それではこれらの目的を完全に達するためには、建築の実際の方をどういう風にしたらよいか、それをしばらくお話ししたいと思いますが、安全、あるいは安楽の問題については、これを後回しとして、ここでは、個性の発展すなわち別々の秩序、及び健康の問題についてもう少し申し上げておきます。

先ほども言いました通り、個性（プライヴェシー）の発展は、まだ普通の日本の家庭には考えられていないらしい、というのは昔からの習慣で、家族制度という目的の下に建てられておりますために、またそういう思想から別々の設備がなくても、大した問題なしに済んで来たために、今日思想問題などで個性（プライヴェシー）のことがずいぶん論ぜられておりながら、あまり大きな変化を急に望むことはできません。けれども人間の智識（ちしき）が発達し、自覚した、理智に富んだ世の中になるにつれて、個性（プライヴェシー）はだんだん尊重されて、個性（プライヴェシー）の発展を期することになると思います。

例えば、昔であったなら、今でも田舎の方であるなら、家に遊び場所がなくても、子供は野原に行ったり、道に出て遊び、安全に子供の任務を果たします。が、二十世紀の都会では、そんなことは出来ない。今日東京には五六千台の自働車*があって、それが縦横に疾走し、また電車や自転車や荷車などが通って、ちょっとの間も危険です。ようやく無事に育ったとしても、彼等

*当時の自動車はフォード製など外国から入ってきたものが中心で、数もさほど多くはなかった。「自働車」という表記は、この言葉がまだ一般的ではない時代の名残。

東京市内の一住宅

京都市内の一住宅　†

東京市内の一住宅　†

神戸郊外の一住宅

は常に神経過敏で、恐怖心の強い者になります。これでは到底個性の発展どころの話ではありませぬ。だから何より先に、子供の部屋をつくって、また庭もつくって、よく遊ばれるようにしてやりたい。それから今の子供は、いろいろの方面において、昔の者とは大変考えが違っております。考えが変われば、何かと衝突が起こります。それは当然です。特に日本の家屋は、襖一つ距たったぐらいで、小さな声をしても十分聞こえて、こっちに親がもしちょっと夫婦喧嘩しただけでも、じきに子供が知って、さっぱり親達の尊敬がなくなってしまう。そんなことはどうでもいいが、別々の部屋をつくるということは、ただ便利のためばかりではありません。あらゆる方面に関係して、殊に教育ということからは、最も大事なことと思います。子供が勉強をするときには、出来るだけ静かな気の落ち着く所でなくてはいけません。家族が一緒に座って、こっちでは親がいそがしく仕事する、あっちでは赤ちゃんがワイワイ泣く、子供は勉強の場所がありません。気がそわそわしていやになります。学校に遅れます。子供の将来のために最も悪いです。そこで別の部屋を与えて、自分の勝手のように秩序をつけさせる。すると子供は個人の責任を感じます。責任観念が非常に発達して来ます。責任を感じさせることは、子供に可愛そうに思う人があるかも知らんが、私はそう思わない。かえってこの観念こそ、この子供の人格を向上させる大事な基礎で、子供もまたそこに本当の自由と、これに伴う愉快を感ずるものだと思います。一つの部屋に一家族がおりますならば、お掃除をするにしても、片付けるにしても、責任者がないから、お前しなさい、僕はいやだ、私は知らん、でとうとう子供は、取り散らし、遣りっ放しの癖がつく。けれども自分の部屋だということになると、私の責任である、私の気持ちがいい、という本当の尊い体験を得て、間違いのないように気をつける。すなわち子供のときから自然に、個人責任の問題が心の中に、根強く植え付けられるのであって、ここに教育の根本があります。教育を学校に委しておく時代は去りました。そんなことをしていると時代に遅れます。これからはやはり家庭の教育が主となる。少なくともその源は家庭に発するのであります。考えてみて下さい。子供達の学校に行っておる間は、一日という上からしてもわずか数時間で、まして成年になるまで、あるいは一生涯を通じてみたらば、学校における間はほんの少しです。

仮りに学校でよく訓練されるものとしても、学校に入るまでの教育がよくないときは、人生の出発点を過(あやま)って、三つ児の魂百までというように、生涯その不幸が付き絡(から)まるかも知れませぬ。だから、人間が家と離れることのできないものである以上、私共は自分の子供のために、その一生涯の教育のことを考えて、適当なる設備を施してやらねばならぬと思います。実際家が便利に出来上がっていないと、智識の方でも道徳の方でも、また情操の上でも、どれほど遅れるか解らない。先ほど言った堕落の問題の如きもそうです。殊に男の子と女の子は出来るだけ別にしなくてはならぬ。

男と女は既に気質が違いますから、これを一緒にすることは、それぞれの個性を伸ばす上からみて惨酷(ざんこく)と思います。部屋を別々にして、若いときから責任感をもつと、子供達は自然意思を陶冶(とうや)されて、他にむやみに依頼するというような心がなくなります。そういう独立の精神を養うことは、やはり家の設備からしなければ難しいと思います。さらに霊的*の方面に至っては、なお深い大きな関係があって、いまの精神修養のことばかりでなく、心理学上から考えて、吾々と住宅とは、切っても切れない微妙な霊的関係があります

*肉的の対語、つまり精神的な、という意。

から、ただ一人の子供であっても、二人三人となればもちろん、子供達の教育のため、どうぞ深く家の設備について考えて頂きたい。

五　太陽の光を受けて

子供の問題は、教育に関連して、健康についても考えなくてはならぬ。先日私は解剖の雑誌を開いて、石川先生*の書かれた記事を読んで、非常に、ほんとに非常に驚きました。日本に生まれた子供達は、赤ちゃんのうちに二割亡くなって、そして五歳になるまでに余る者の四割亡くなる。するとあと六割しか残らないが、その六割の内の半分は不完全で、眼が悪いとか、手足が悪いとか、ちょっと足らぬところがあるとかいうことのために、本当の完全な子供は、非常に少ししか残らないということです。石川先生の記事は、むろん建築などとは関係なく、一般の健康問題から論じたものと思いますが、健康問題と住宅とは、これもまた離すことができないので、自ずから（おの）そこに入って行きます。殊に子供の健康は、栄養の問題を外にしては、ほとんど大

＊動物学者で東京帝大教授の石川千代松（1860–1935）と思われる。雑誌「文化生活」（大正十二年六月）にて「人間上進論」を寄稿している。

部分住宅の設備に関係しています。

昔の家に住みますならば、一体どこに温かいところがありますか。この寒い、感冒に罹（かか）りやすい冬中、私達は一つも温かい部屋を見出すことが出来ませぬ。赤ちゃんにとってはなおのことです。お風呂場？　そうです、これはいいです。ずっと温かく感じますが、これとて一日の中十分間、長くて三十分間、あとの二十三時間と五十分は我慢して、手だけ火鉢*の上にあたためるとしても、赤ちゃんは火鉢に手を出すことが出来ません。寒いからって自（みずか）らお風呂に入ることももちろん無理です。つまり健康上の設備はほとんどありませぬ。

東京あたりのことは、私はあまり知りませんが、私のいます関西の方では、殊に昔の住宅は、むこうの迷信とでも言いましょうか、非常に光線をきらって、何でも、光線があまりに家に入りますならば、財産は逃げて行ってしまう、というので大変苦心して造り上がっております。お金を儲けるには暗い家でするのがよいか、光とお金は縁が合わないのか、とにかくお金の集まるためには自由に光線の入るのは危険という調子で、その家がもし南向きなら

*火鉢では手をかざして暖める程度であり、旧来の日本では部屋全体を暖める暖房器具がなかった。

ば、ごく粗末な家でも、障子から三尺ぐらいの縁側をつけて、わざわざ光線の入るのを邪魔する。まだそれでも満足しないで、その上五尺ないし一間の廂をひゅっと突き出しておる。私自身も、二年間あまりそういう家にいましたが、一番うまく、理想的にできておると見えて、昼であっても暗く、お日様が沈みかけた、たぶん三時から三時半頃、ごく低い名残の光線を、ようやくちょっと、まっすぐに受けるだけでした。夏でそんな風ですから、冬ならばちっとも通りませぬ。この習慣は、何か間違った目的から来たものと思いますが、どうも昔の考えは、今の考えと正反対で、健康のためには、太陽の直接なまっすぐな光線の入ることほど、大事なものはありませぬ。いろいろな薬をもって、いろいろな方法をもって黴菌(ばいきん)を殺しますけれども、それよりも手のかからない経済的な殺菌法は、この太陽の光線を利用することで、太陽の光の直射を受けたら、どんな黴菌でも、ただ一遍に、苦もなく死んでしまいますから、光線が立派に部屋の中に入るとすれば、それは自然に殺菌ができるのであって、健康のため何より必要だと思います。

そんならどういう風にして光線をとるか。言うまでもなく窓の設備です。

あまり廂を出さずに、よく光線の入るように窓をつけるのです。けれども、昔の紙の障子をつけるのでは非常に困る。雨風のときには、紙が破れてとけてしまう。従来の長い廂の下でも、雨風に遭うと、下の方は濡れて、汚い色の障子になったり、破れたりして困るから、雨戸を締める。そうすれば家の中が暗くなって不愉快です。まして廂が短いか、あるいは廂をなくすると、ちょっとの雨にも苦しむようになりますので、光線をとるためには、どうしても硝子戸(ガラス)*がいいと思います。硝子戸は、ちょっと考えると高いようですが、障子のように弱くないし、そういつも張り換える手数もないので、結局非常に安い。加うるに雨風があっても、わざわざ雨戸をたてる必要もなく、常に光線がよく入って、どんな仕事をしても心地がよろしい。ただこういう窓についで注意しなければならぬのは、旧式の粗末な造り方ですと、日本のように雨の横降りする土地柄では、戸や硝子戸の隙間や、敷居や、たてつけの間から吹き込むことがありますから、この点を遺漏なくしておけば、その中に畳を敷こうとどうしようと、光線は自由にとれますし、日本風に調和のいい部屋ができます。

*当時の窓ガラスは高額で、まだ一般的ではなかった。

光線のことで思い出しましたが、日本の中の間*というものは、断然許さぬ方が賢いと思います。これも東京の方ではどうか知りませんが、関西の田舎ではあたりまえのことで、私のすぐ近所にもありまして、道の方から玄関を入ると、左側あるいは右側に、段々に部屋がとってあって、表の方が座敷、その次が中の間、その次が奥の間、その中の間も小さな家ならば一間ぐらいですが、大きな家では四つも五つもあって、たいていの田舎の家は南向きですから、光線の入るところはお座敷と、北の方になっている奥の間だけで、中の間の方には、小さな窓をつけているところもないではないが、たいがいはその裏に倉とか物置きとかを建てるため、あるいはさきほども言う通り迷信みたいなことで、中の間にはどれもこれも光線が通らず、昼日中でも真暗（まっくら）です。しかもその中の間は、家族達の大事な居間とか寝室とかに使われて、あまりお掃除もしない、汚いじめじめした畳の上に子供が寝かしてある。非常に健康のためよろしくない。

*家の中央にある部屋のこと。昔の商家や武家屋敷のように、筒抜けの長い畳の広間を襖で仕切って中間にいくつもの小部屋が出来る状態。

六　空気のこと

今度は空気の流通のことにうつります。日本の人は言う。子供は風の子だ、寒がらずに外へ出て遊べ、と。それは確かに健康によろしい。けれども夜になると窓を締めよ、雨戸を締めよ、障子を締めよ、襖を締めよ、そうして出来るだけ空気の入らぬようにして、中の方へ入って火鉢にあたれ、そうせんと風邪をひく、いろいろの病気に罹る、と、こうやかましく言います。どうも理屈が解りません。前と後と言うことが矛盾しておる。なるほど、昼の空気と夜の空気とはその温度が違っています。殊に日本家屋の寒い建て方では、その温度の変化を恐れるのも無理がありませんけれども、そんなにまで恐れないでいいと思います。私がある田舎の人に話しましたら、いやどうも昼の空気は好きだが夜のはいかん、気味が悪い、危ない、寒くってとても夜だけは御免を蒙り（こうむ）たいと言いました。夜の空気だって昼のだって変わったことはありませぬ。しかも空気あってこそ人間は生きております。魚はどうですか。

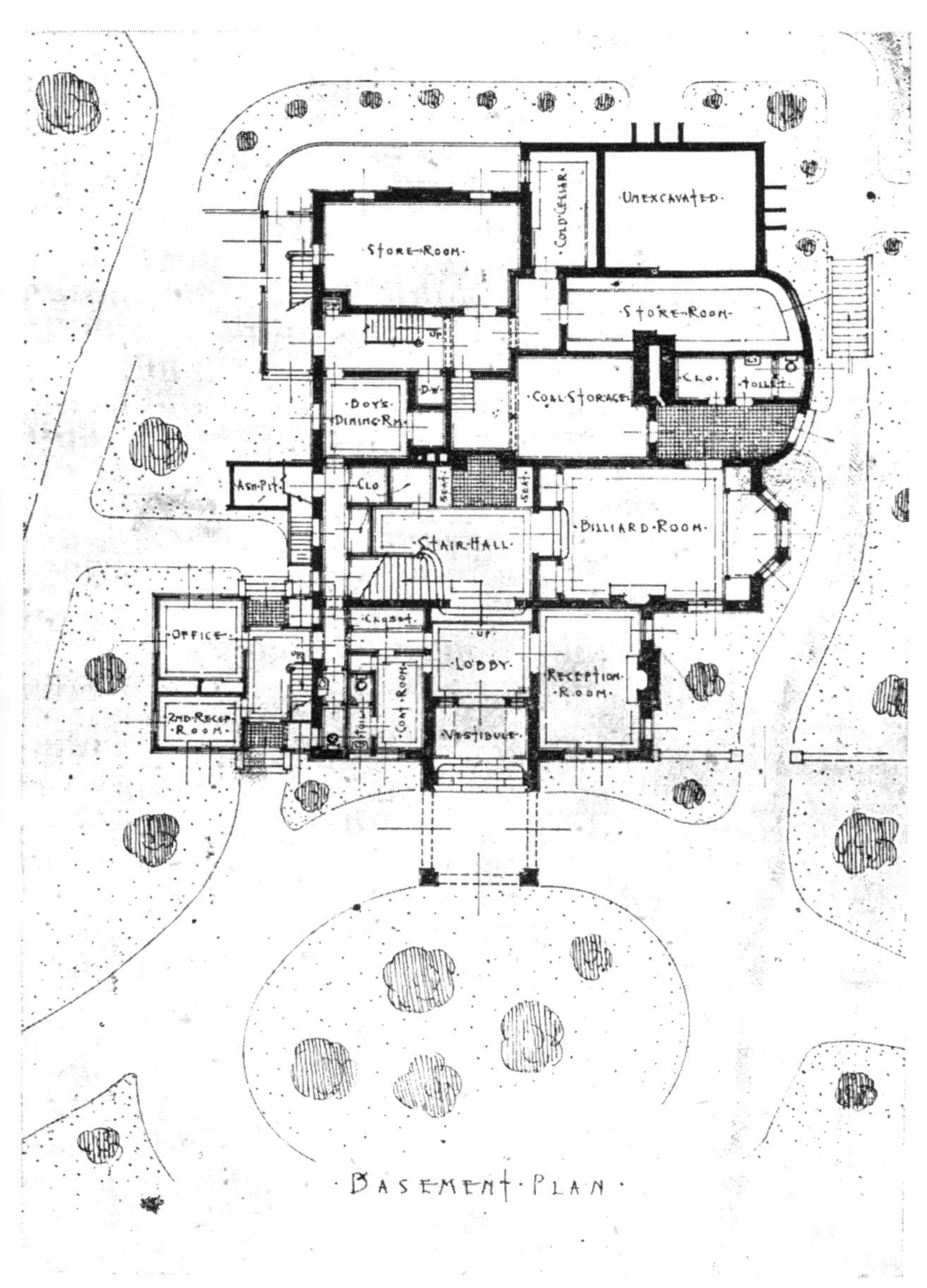

神戸市外の一住宅（地階平面図）

神戸郊外の一住宅　†

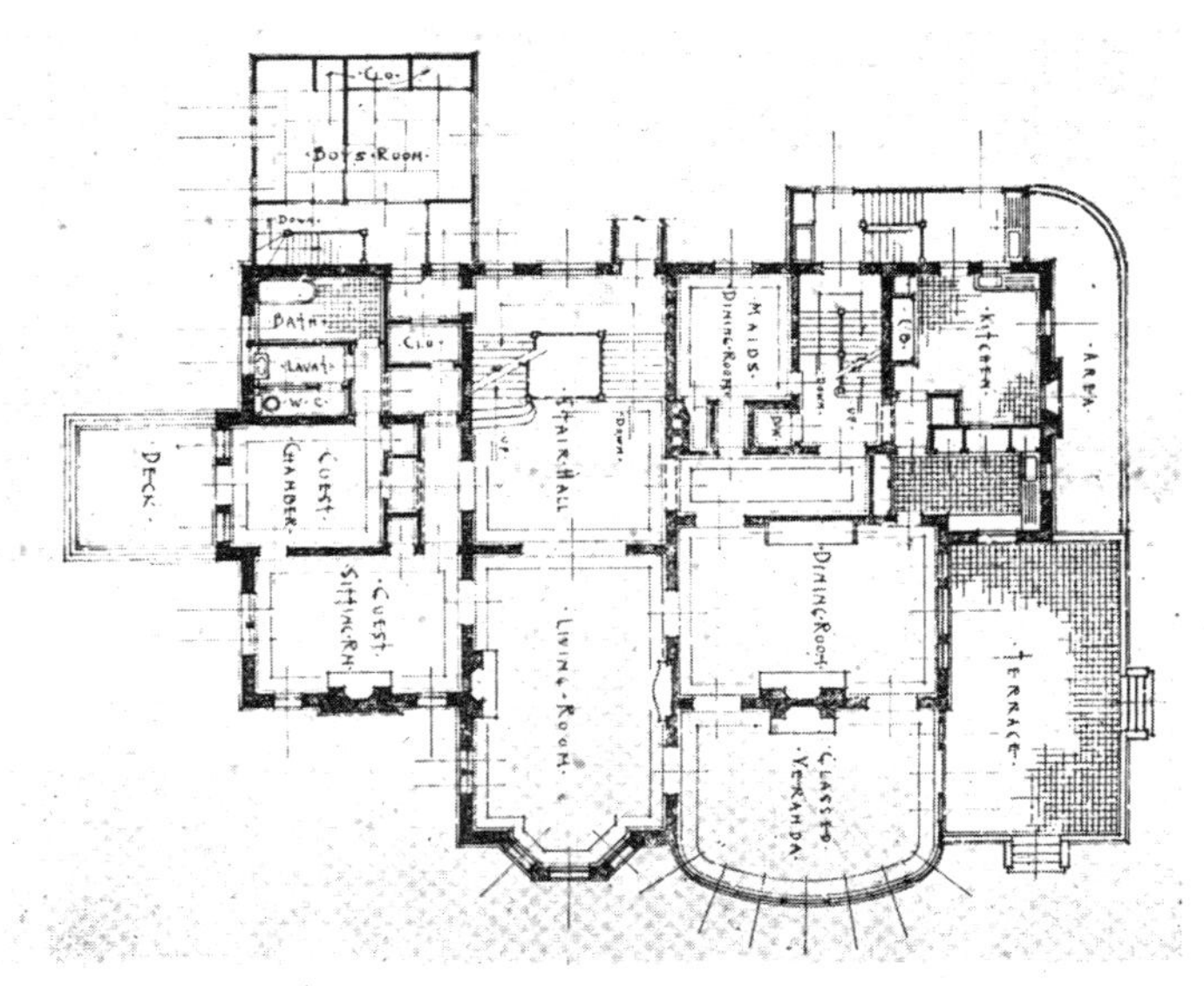

同上第一階平面図

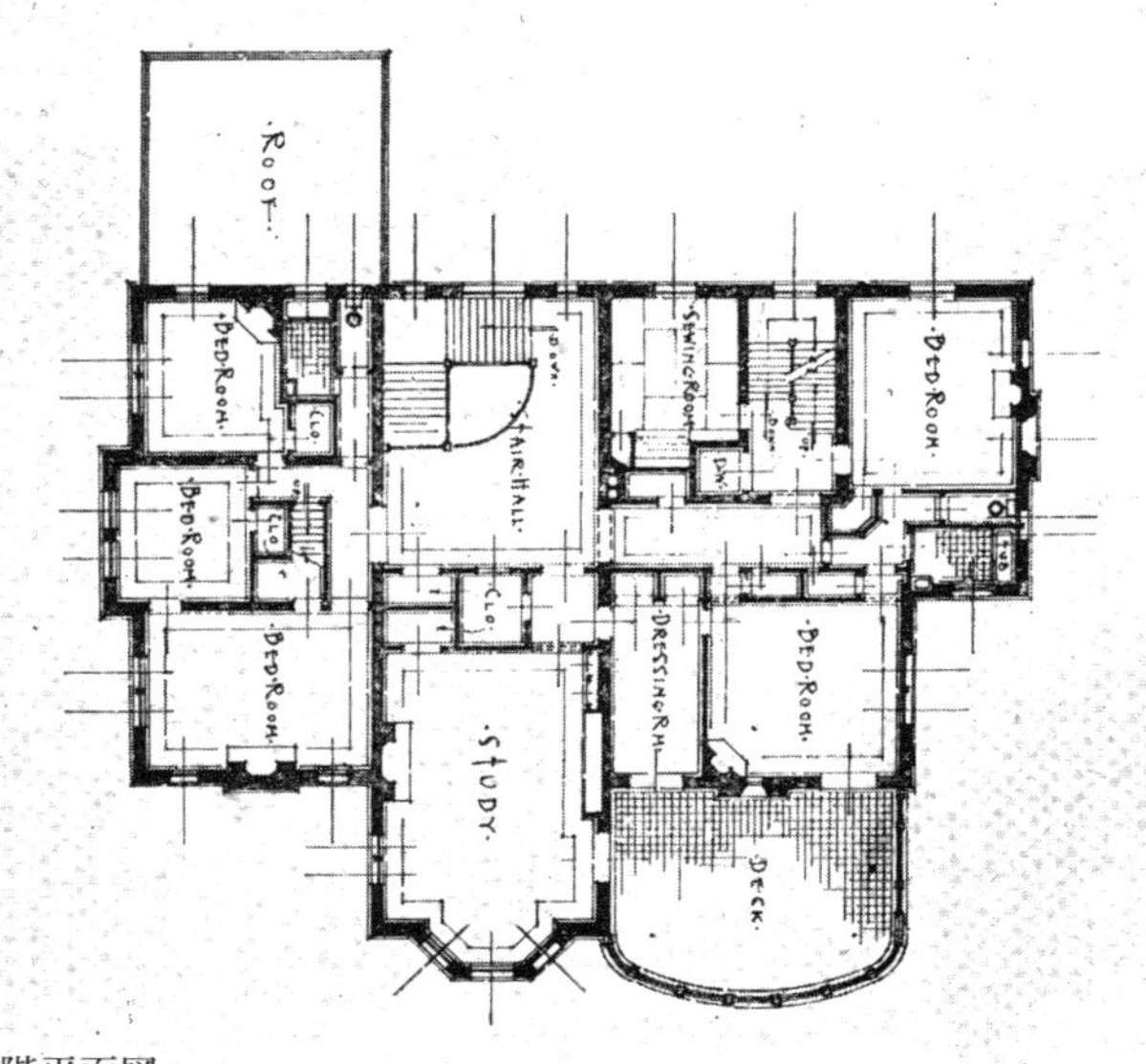

同上第二階平面図

水が冷たいからって砂の中へもぐっていることができましょうか。水から上がって浜の方へかくれていることができましょうか。そんなことは出来ますまい。魚の水は人間の空気ですから、人間が空気を恐れるのはおかしい。それなのに、それ戸を締めよ、窓を締めよ、夜の空気は毒だぞ、と言います。昼でも夜でも空気に変わったことはないのに、そういう風にみんな締め切ってしまわないと安心できない人がたくさんある。そんなに夜の空気が恐ろしいなら空気のない所に生活できるよう発明するといい。ある時、やはりその夜の空気を怖がっている人が旅行をして、電車に乗ったが停電で動かない。もう夜更けて帰るのにタクシイも車もなくなったために徒歩で帰らなくてはならぬようになった。仕方ないので、遠い夜道を、朝の二時頃までかかって、夜の空気の真最中（まっさいちゅう）を、運動しながら帰って来た。私は思いました。もし夜の空気に毒があったら、その人はもう帰らないで、死んでしまっておるはずだと。まあそんな理屈はどうでもいいですが、とにかく科学的に考えてみますならば、私達人間には出来るだけ新鮮な空気が必要です。昼でも夜でも、同じようにいい空気が欲しいです。それを夜だからって戸を締め切って空気の入らないようにするのは間違いです。間違いだけでは済みませぬ。自分の身体、健康のためによくない。

もっとも普通の家、障子の家では雨戸を締めなくてはならぬ、というのは空気のためではありません。夜の泥棒のためです。泥棒のために雨戸を締めるのは、自ずから話が違います。別問題です。そして泥棒を防ぐためには、いろいろの方法があって、普通窓の所に鉄棒などをつけてあります。これも悪くはありませんけれども、外から見ても、また中の自分達から見ても、気分があまり面白くない。殊に火事か地震でもあったとき、窓から飛び出そうとしてもできません。慌てて玄関やその他の所に行く。みんな締まっている。うろたえているからなかなか開かない。遂に、この頃ありましたように、五人の子供が一遍に焼け死んでしまった、というような惨憺たる出来事も起こる。そこで西洋ではこういうような造りになっておる。ちょうど鎧窓（よろいまど）*のような風になって、この雨戸ならば、造るにも簡単なものですし、泥棒もちょっと入ることとできない。空気の流通に至っては、昼でも夜でも、自由自在です。そうでしょう。中の空気は上の方から出て来るし、外の空気は下の方から遠

*ブラインド状に小幅の板（鎧板）をはめ込んだ、目隠しと通風を目的とした戸。ガラリ戸とも言う。

慮なく入る。泥棒だけが遠慮します。また上げ下げ窓*の上の方を少し開けておる人もあり、普通の開き窓の上に欄間（らんま）を付ける人もありますが、とにかくちょっとの設備で私達の健康に大変な関係ができて来ます。

七　畳

次に日本独得の問題、畳のこと。畳そのものは大変よろしい。非常に便利なものです。私なども米国に帰ったら、そして家を建てたら、是非一間か二間ぐらいは畳の部屋も欲しいと思います。けれども、ずっと一生涯畳の上で生活するのは考えものです。実際これにはいろいろの問題が起こる。畳は御存じの通り二寸ばかりの厚さで、そうして上から下まで、よい悪いの区別なしに藁でつくってある。だからもしお茶をこぼしますならば、ずっと下まで染みこむ。しみ込んだらちょっとお掃除ができない。ただ一週間ぐらいでも、雨降りが続くと、畳がじめじめして来る。梅雨になると特に気持ちが悪い。そしてこれをはぐってみると、畳の下の方にたくさん黴（かび）が生えておることも

*戸を上げ下ろしして開閉する窓。

ある。畳のところにはほこりが多い。そしてお掃除には甚だ困る。箒で一生懸命とるけれど、ずっと中に入った塵埃ならば、ほとんど取れない。塵埃だけで済めばまだ結構ですが、恐ろしい黴菌が入る。病気に罹った人がここに座る。黴菌をたくさんそこら辺に散らして行く。上の方だけならお掃除の方法もあるが、それがずっと奥の方に入る。そこには、塵埃がたくさんたまっておる。おまけに黴の生えておるような湿気があると、黴菌や蚤などはますます勢いがよくなる。そうして人間が病気になる。これが畳の一方の欠点です。

もう一つの畳の問題は、その上に蒲団を敷いて寝るということ。これは、夏の暑いときに、風通しのよい二階の部屋に寝るならば、私も賛成です。こっちもあっちもずっと窓を開けて寝るのは、大変に清々した気持ちのいいものです。ところが冬はどうですか。冬に畳の上へ寝るのは非常に寒い。風邪をひきます。どなたも御存じの通り、温かい空気というものはいつも上の方にあがって、その代わり冷たい空気が下の方へ降りて来る。だから畳の上に寝るのは一番寒いところを選んで寝るようなもので、冬の寒い時に、しかも一番冷たいところを選ぶのはおかしいです。むしろできるならば、天井の下のところに寝る。それはきっと温かいです。とにかく、温かい空気は上へあがるという理屈が解ったなら、今度は、窓を開け、戸もすっかり開けて、そして畳の上に寝て御覧なさい。どうなるかお解りでしょう。窓から入って来る冷たい空気、それを風というのかも知れませんが、その風が飛び込んで、まっすぐ天井を通るかどうか。外からのは、部屋の中の空気よりはずっと寒い、冷たい。冷たいから下へ入ります。だから外から入った空気は、天井をぐるぐる回っておるのでなしに、かえってまっすぐに下の方へ向かって降りて来る。降りて来てみんなの寝る所へ入る。みんなは寒いから、ちゃんと頭やあるいは頸(くび)のところに蒲団をよくひきかけて用心しますが、用心したところでやはり風邪をひきます。そこで夜の風は毒がある、危ないというのでしょうが、そんなら、窓を開けずにいたならば風邪をひかぬかというと、そうではない。引かぬはずだけれども、事実はそういかん。日本の人はじきに、戸を締めろ、窓を締めろ、風は毒だ、と言いますが、今言うように、その理屈はいいけれど、科学的に考えないから間違いが起こります。西洋でベッドの必要が起こったのはそこです。ベッドはそのためにわざわざできた道具で、すなわち文明の発明です。

普通ベッドは床(ゆか)から一尺五寸ぐらい上がっておって、ちょうど膝までぐらい高い。すると、なんぼ風が入りましても、一番冷たい風はベッドの下へ来る。下を通るだけならば、寝ておるものには何ともない。そのうちに、向こうにもこちらにも壁があるのだから、冷たい空気は自然に温かくなって、だんだん部屋いっぱいになると、そのときはもう風がなくなって、古いよくない空気は外に出て、自由に換気することができる。ここに西洋のスリーピング・ポーチ*にベッドを使う理屈があります。実際ベッドは夏でも冬でも、夜中でも朝っぱらでも便利であると思います。こう言うと、そんなら子供とか、あるいはお爺さんお婆さんのような弱い者だけそうしよう、自分達のような若い元気のある者が、そんな柔らかいベッドに寝るなんか贅沢だという人もあるか知らんが、その調子だからこそ根本の間違いが起こるのです。

*スリーピング・ポーチ（sleeping porch）とは屋根付きのテラス状の部屋。日光や新鮮な空気を多く採り入れられるように、大きな窓を設けるなどしてあり、睡眠や休息に使った。ヴォーリズのスリーピング・ポーチは、角部屋に設けることが多い（一一九頁図面の下部参照）。

大阪市内の一住宅（造園前）　†

大阪郊外の一住宅

八　ベッド

ところがまだ問題がある。前の理屈で、それではこれからベッドにしよう、と言ったとて、むろん無いよりはうんとましですから、ベッドになさいと私はお勧めしますが、実際にあたって痛切に不便を感ずるものがある。それは蒲団です。日本の蒲団は非常に厚い、非常に堅い、少なくともかなり堅い。殊に冬の蒲団に至っては、こんな厚い堅い蒲団を二枚も重ねて被るのですから、その重さといったら本当に耐(たま)りません。

むかしの一つ話があります。ある所に非常に貧乏な人があった。貧乏で蒲団がなかった。やはり冬の最中だったのでしょう。どうも寒くて寒くてたまらんので、いろいろ考えた末、台所から蓆(むしろ)とお漬物の圧(へ)え石をもって来て、それで無理に身体を圧えて寝た。するとその温かいこと。身体中汗だらだらになった。そうでしょう。重いからうんうん云うていたに違いない。ちょうど日本の蒲団がそうです。非常に重い。温かいからこれでたくさんだと言えば、それも理屈は理屈ですが、どうも実際危険です。血気盛りの強い人は少しぐらい重い蒲団でも構わんか知らんけれども、弱いものはたまりません。私は宿屋に泊まったとき、後で滑稽(こっけい)に思って独りで笑いましたが、やはりこの重い蒲団をきせられてなるほど温かいは温かいけれど、どうも重くて仕方がない。おまけに枕がかたいので、肩からすうすう風が入る。そこでスエター*やいろいろのものを頸にしっかりまいて寝たものの、こっちへ寝返る、風がぱっと入る、あっちを向く、風がまた入る、寒くてどうも困りました。寒い畳の上で、こんな石のような冷たい寒い蒲団をきて寝るのは、ずいぶん強い人と私は感心しました。

そこへいくと、西洋のベッドは楽です。蒲団といってもごく軟らかいもの。それに毛布、寒いならば二三枚重ねるだけで、ベッドの上に寝ると、身体の重さだけふうわり形ができて、軽いものだからうんうん言わなくて宜しい。枕も軟らかいので、毛布と蒲団と枕とで自然に頸巻き(くびまき)ができる。とにかく日本蒲団の半分ぐらいの目方で、十分に温かくしかもあちこち動いて風の入るような心配はちっともありません。私のスリーピング・ポーチは、家の南側

*セーター（sweater）のこと。

になっています。冬でも夏でも、空気が非常によく入ります。私はそれでも窓を全体開けて寝ます。ぴゆぴゆ風が入ります。ある時は顔に冷たい雪がかかります。けれども何にも差し支えありません。一番寒い風はベッドの下を通る。私は軟らかい便利にできた蒲団と毛布と枕とで十分包まれているから、寒いも冷たいも何とも感じません。ですから、健康のために、畳よりベッドがよく、そして軟らかい蒲団を用いるのがよろしい。特に発育の盛んな子供に、堅い重い蒲団を被せるのは可愛そうです。発育を妨げます。

私も畳の部屋は好きです。非常にいい。だから畳の部屋も残しておいて結構と思います。けれども、少なくとも寝る部屋だけは、板の間にして、黴菌のいないようにお掃除する。そこにベッドを置けば、安楽です、便利です。また風邪をひくこともありません。健康のために、ベッドを使うことが賢いと思います。

九　二階建てと階段のこと

それからもう一つあります。私が日本に来て、関西に家を探しましたときは、もっとも田舎の方ですが、どれもこれも平屋ばかりで、二階屋というものは一つもありませんでした。むかしは地面が馬鹿に安く、家が小さければ、左側でも右側でもないしは表へでも、裏へでも思う通りに拡げることができたので、何の注意も惹かなかったことと思いますが、それが今日、一坪百円二百円、上等の所は何千円もするようになった。これではどうしても平屋は不適当だというので、この頃はぽつぽつ二階屋が出来て来ましたが、とにかく大阪でも東京でも、大きな都のような所の住宅はまだまだ遅れていて、何でも面倒を省くという時代だのに、平屋ばかり造るのは大変おかしいと思います。第一経済関係から言っても、地面が高くなれば、どんな小さな家だとて、必ず二階にしなくてはいけないと思います。これからはきっと三階四階ないし十階でも、建築法の許す限りにおいて、鉄筋コンクリート建てのような、火事にも地震にも心配のない、そして一棟に家族がいくらでも住めるような、高い高い家ができると思いますが、それがいわゆるアパートメントハウス*として現われ来ましたので、いくら高くっても相当の設備さえすれば、何にも不便なことも、難しいこともありませぬ。それで少なくとも二階にしなければならぬ時代に今日なっております。

けれども今は経済関係のことは申しません。健康の問題です。経済上からも必要ですがそればかりでなく、健康のために二階が必要だと私は思っております。日本の子供が赤ちゃんの内に二割亡くなって、五歳未満の間に四割も亡くなるということは、子供に対するいろいろの設備がないか、あっても間違っておるからと思います。そうでしょう。一階は湿気がある、空気が悪い、黴菌が入っている、塵埃がある。そういう不潔な不衛生なところに寝かすのは根本に間違っている。子供達の亡くなる原因はこれだけでも十分にあるでしょう。だから子供が可愛ければ、その健康を望むなら、少なくとも寝室は二階に設備してやらなくてはならん。しかるに、むかしの考えは全くあべこべで、二階はなかなか景色がいい、風通しがいいからというので、そこ

*いわゆる集合住宅のことだが、当時はまだ一般的には普及していなかった。

をお座敷にする、立派な床の間をつける。そして特別ここにお金をかけるのです。けれども、上がるとどうですか。幅の細い段梯子＊、それが急なことと云ったら、誰だって怖い。足の辷らないようにびくびくして上がる。こんな二階に子供を寝かすなら、それこそ一遍に駄目になってしまう。それだから子供を寝かさないといえば理屈かも知らんが、そのお客さんがどれぐらい来るか。一月に一度か、一年に何度というようなごくわずかなもの。それもそう立派なお客さんばかりでもない。どうぞお上がり、有り難う。おかしな風をして段梯子を上がる。こちらは女中さん、大急ぎで窓をあけたり塵埃を掃ったり、一月ほど前に使ったばかりのお座敷、お掃除するのが大変です。そんなお座敷なら、ちっとは不便でも構わないでしょうが、私の言うのは、あの二階とは違います。あんな二階は私はきらいです。いらんことです。経済の眼からでも、もう時代に合わない、当然なくなってしまうべきものです。私の言う二階はそれと正反対、大事な大事な子供の寝る室になっておる二階です。

一体黴菌というものはどのぐらい高く上がるものか。風の工合によって多

＊段をつけた梯子、または階段のことを言う。昔の日本家屋では、二階に上がる階段に多くのスペースを割かず、傾斜も急なものが多かった。

少違うが、まず平均地面から七尺ぐらいの高さまでだと専門家が申しております。道の塵埃の中にある黴菌、殊に肺病の黴菌なんぞは、七尺以上はほとんど上がらない。ところが普通の日本家の床（ゆか）は地面一尺五寸ぐらい、少し立派な家で二尺ぐらいの高さしかない。その上に寝かすならば、そこは一番黴菌の賑やかな盛んな所で、可愛そうに弱い赤ちゃんは、何百万の、兵隊のように演習をしておる黴菌に敗（ま）けてしまう。あたり前です。今度二階に寝かすと、道から起こる塵埃は下の方で、ごく大きな風のときには入らぬこともないが、きわめて稀で、たいてい二階にまでは入りません。殊に黴菌なんぞ入りません。湿気はどうか。これは当然入らない。私は初め三年間、あの古い日本家におりました。ところが私の大事な本がまだ二三ヶ月経つかたたぬのに、すっかり黴が生えて、青い汚い草みたいなものが上から下までいっぱいついて、お掃除をしても、ほとんど駄目になってしまいました。それから二階建ての家を造って、書斎を二階へやって、大事な本もみんな二階へもって行きました。不便でも宜しい。その時から既に十六年経ちましたが、その本にはまだ一遍も黴がつかない。二階と下とはそれだけ違うのです。吾々の本は中が紙ですからまだいい。けれども吾々の身体、吾々の子供の身体に黴がついたらどうですか。大事な子供を湿気の中に放っておくのは文明に合わない、満足できない、可愛そうと私は思います。

だから二階の必要は、ただ高い家を建てて、人に見せてびっくりさせる、立派なお座敷をもっておる、と、そんな薄っぺらな馬鹿な理由ではない。もっと根本的な、具体的な理由がある。健康のため、そして本当に経済のために、金持ちだから二階を建てる。あべこべ。貧乏だからこそ二階を建てなければならぬのです。平屋を建てるだけの金があったら、どうしても二階を設備する工風（くふう）をして頂きたいと思います。するとすぐ問題が起こる。二階を造り、子供をそこに寝かすならば、お風呂場も下にある、便所も下にある、何もかもの設備が下にあるから、一日に何遍、何十回も窮屈な段梯子を上がったり下（お）りたり、不便千万、大変困るではないか。冬になるとかえって子供など風邪をひくではないか。そうです、今の二階建ては実際不便です。けれども西洋館ならばその心配はいりません。現在の西洋館は、お風呂も便所も、たいてい二階についているはずです。三階でも差し支えない。するとまた、そんな臭い便所を二階につくるのは不衛生だ、非文明だと言うかも知らんが、そんなことはちょっとも差し支えない方法があります。たびたび申しましたが、妙なことに、自分の別荘でもつくるというとき、天井一坪に何百円何千円、たった一尺四方に何百円、床柱[＊1]一本に何百円というような木を使って、それで平気です、得意です。そんなら二階に新しい設備がいりませんかというと、なにお風呂場で、水洗式便所？[＊2] それは金がかかってたまらぬ、止めておこう、と仰言る。飾りのために、いらぬもののために、なんぼでも湯水のようにお金を使っておりながら、実際の、健康のため、子供の教育のため、一番大切な設備には、金がかかる、困る、御免蒙るという、ほんとうに時代に合わぬ考えです。いらん所のお金を節して、風呂なり便所なりを造れば、十分経済的に便利なものが出来るのであります。

それから先刻言いました段梯子について十分了解を得たいと思いますが、二階三階をつくれば段梯子はむろん必要です。けれども、押入れの中にくっ付けて、そして急勾配になって、上がるにも下りるにも真暗、手さぐりでやる、ぶつかってびっくりする、踏みはずして落ちるかも知れぬ、ようやく無

＊1　床の間の脇に立てる装飾用の柱。

＊2　水洗式の便所や便器は、大正時代に入って国産化され徐々に広まってはいたが、まだまだ珍しいものであった。

事に明るい所へ出た、やれやれ危なかった命拾いをした、というような昔の段梯子は駄目。昔になくなっているはずで、従って今残っている旧式のものも問題になりません。既に段梯子という以上、上がり下(お)りの便利のよう拵えたのですから、押入れの戸を一尺開けても、五寸開けても、あるいはちっとも開けないでも、十分明るく、そして楽に、小さな子供でも何でもなしに上がられるように、危なくないように造るべきはずです。苦労するぐらいならば、二階の本来の意味をなくしてしまいます。

　部屋の設備にしてもそうです。そこに書斎をつくる。本が安全で、少しも黴が生えない。子供がそこに寝る、自分達が寝る。どちらにしても便利なようにすべきです。たとえ大きな部屋でも、そこで御飯を食べる、勉強もする、働く、寝る、そしてお客さんも来るというように、たった一間で何もかもやろうとすると不便が起こる。お客さんが来たときさあ困る。今まで読んでいた本は滅茶滅茶、そこらを片付けて、着物もなにもぐるぐる捲(ま)いて押入れにぽんと入れる。お客さんは玄関に待たされる。帰った後で、何がどこへ入ったやら大騒ぎ。とにかく非常に不便です。こういうとき寝室を全く別に二階へ造っておらば、また小さくても書斎を別にしておいたならば、何の差し支えもありません。それを不経済と思うのは間違い。もし立派な天井や、床の間、違棚などを設備できるならば、その金で西洋館の二間や三間はできる。その二間三間をつくる金があれば、優に二階建ての立派なのができる。そして昼間も夜も、自分のためにも、子供達のためにも、同じ金でもって、便利な心地のいい設備をすることができるならば、経済の方面からも、健康のためにも、よく考えてしなくてはならんと思います。また少しの考えようで、驚くほど経済に便利に出来るものであります。

今までは理屈ばかり述べましたが、この次はいろいろの方面から、どういう風に西洋館の設計をするか、どういう形にすれば便利なものができるか、そしてたいていどのぐらいの予算で理想的の住宅ができるか、とそういう具体的の方面を申し述べてみたいと思います。

*床の間の脇に設けられ、二枚の棚板を左右で段違いに取り付けた装飾用の棚。

第二講

一　土地の選び方

第一講には、住宅建築の五つの目的についてお話ししました。その第一が保護及び安全のため、第二が安楽、第三が個性の発展、あるいは家庭の秩序のこと、第四が健康、第五が人種の発展。ところがもう一つの目的を忘れました。それは成金さんの目的、見えるために、人をびっくりさせるために家を建てるらしいことですが、その目的については吾々別に関係がありませんから、それだけは説明を除きます。そこで今から、その五つの目的をどうして実現するか、どういう風に家の形の上に現わすか、という具体的の説明に進みたいです。

家を建てるに際して第一に問題となることは、場所。どこに家を建てるのか。その地面を選び、あるいは探さなければなりません。もちろん先だっても言いましたように、先祖代々貰って来た地面に家を建てるならば問題外ですけれども、新に地面を貰うとか、借りて建築する人は、建築計画を樹てると同時に、まず場所を定めておく必要があるのです。今までの考えでは、場所は大した問題でない、どこでもいい、もし百坪かないしは四五百坪の地面があったらそれで結構、それよりも設計から先にして、というような無理な注文が多いです。けれども設計は場所があってからのことで、場所に対する考えのない設計は、本当の生きた設計ではありません。

のみならず、場所の選定ということについてさえも、非常に重大な問題があって、何よりも健康地を選ばなくては、せっかくの理想的住宅も台無しです。なんぼ広くても、なんぼ近所の景色がよくても、あるいはお隣りに偉い立派なお方がおいでになっても、場所の低い、下水*の出来ていないようなところではさっぱり価値がない。断念なさったがよろしいです。それについて

*下水道はこの時代にはまだ多くの地域で整備されていなかった。

私は一つの経験をもっております。やはり関西で、それは地価の大変安い、そして広々としたところで、それを見てずいぶん喜んだ方々がありました。そこで私に、どうぞ設計を願いたい、場所は大きい、そして四角になっているから別に難しくはあるまい、という話によって私は設計を済ましてから、そこへ実地を見に参りました。なるほど広い、新しい場所ですけれども、困ったことがある。なぜならば、それは大阪の近所で、もとは田であったということで、非常に低い、一二尺も掘れば水がどんどん出る。おまけにその裏に真黒(まっくろ)い水の溜まった小さな川。川といっても下水の汚いものがいっぱい入って水の動かない、臭(くさ)い、実際川らしくない川があって、そのそばに自分の家を建てるというのですから非常な問題です。私は大変苦心しました。仕方がないから、田圃(たんぼ)から土を掘って、二三尺ほども地盛りをし、やっと家は水の面から高くはなれて出ましたけれども、お風呂の水とか、その他の下水は、その家から出るとやはり、裏の動かない溝(どぶ)川に出る。ところが通路に出るにはこの汚い川を越えなくてはならんので、そこに橋を架けた。橋ばかりでなく、地面の端から端まで、溝川の蓋(ふた)を拵えました。それが幅一間半に長さ十間ぐらいありましたでしょう。さあ大変な損害です。その人は初めは非常に喜んでいた。地面が安い、広い、隣りに何の故障もない、立派な場所と信じていたらしいですが、実際出来上がったものを勘定してみると、大変不経済です。それればかりではありません。さあ入ってみるといけない。なんぼ新築でも、そして私もいろいろ苦心して建てましたが、その家に入って数ヶ月いないうちに病気に罹った。マラリヤ*とか何とかでしたが、どこから来たかというと、やはりあの汚い川からと思いました。

もちろん近所に工場があったり、その他煙のたくさん出るところがあったり、臭い、汚い、やかましいもののある所は誰もがきらいです。初めから問題になりません。けれども小さい経済に迷うこともあります。その上まだ迷うことがあります。何ですか。私は始終そう思う。場所を探すならば、広く空いた場所は避けて、できるだけきまった、隣などの立派に出来上がったところがよろしい。私は米国の例をいつまでも覚えています。広く空いた場所に家を建てるのは、日本も米国も同じ人情です。私の知った人が光線をよく入れるために、南の方を非常に広くとって、隣りの境といっぱいの北の方に

*蚊が媒介する感染症で、大正期の日本では毎年九千人から二万人以上が感染し、近畿・中部地方などを中心に、特に琵琶湖周辺では患者数が多かったという。

建てた、立派な家を。もし将来隣りに家が建つならば、同じ目的で向こう側の方に建つだろうという理屈でした。理屈は結構だったけれども、二三年経つとどうでしょう。その上の方に、五階建ての煉瓦造りの高い高いアパートメントハウスが出来た。前の家は北側ですから、大事な食堂*も、高い屋根の日蔭になって、窓から光線が入らなく、その家はことごとく駄目になってしまいました。だから広い場所は、できるだけ自分は遠慮して、人が建ててから建てる。とにかくきまった場所に建てるのが一番いいと思います。

二　台所から始める設計

場所がきまったら、いよいよ今度は設計にかかる。むろん前の理想住宅の要領をのみこんでやります。それならばまずどういう所から始めるか。普通の人は、立派な座敷、上等の客間、なによりも正面を立派にする、と思うかも知らんが私はそれと反対。私は初めに台所をやる。台所がうまくできたら、その家の価値が上がる。台所が拙いなら、値打ちは半分以上なくなる。なぜ

*飲食店のことではなく、一般住宅のダイニングルームのこと。

ならば、台所は吾々の生命懸けの場所です。吾々の生きて行くための大事な食物をつくる所です。台所にかかるとすれば、どういう風にしたらよいか。私はここに参考のために二つの図を書いて来ました。

甲の方は十尺に十二尺。乙の方は十二尺四方。寸法はあまり変わりません。けれども部屋の形、中の設備の配置、非常に違います。乙は広い、大きい。甲は狭い小さい。どちらがいいと思いますか。とにかく具体的によく解るように一通り説明します。

甲の方から始める、と言っても台所の入り用のものはたいがいきまってありますから、そういう品物は乙の方にも同じにあると思って、それらの配置設計に比較注意して下さい。ストーヴ、流し、テーブル、鍋あるいはそういう煮炊きに用いるものを入れる戸棚、茶碗や皿などを入れる戸棚。それから文化生活の上からは、どうしても冷蔵庫*の必要があります。もう一つ、台所入口側に小さいテーブルと椅子が置いてある。これは日本の台所には今までほとんどないですが、文化生活には大切なものです。つまり台所は、いい加減に安いもの、あるいは残り物などを漁って、無茶苦茶に御馳走をつくる、

＊当時は電気冷蔵庫がまだ普及しておらず、氷屋から仕入れた氷を入れて冷やす冷蔵箱であった。

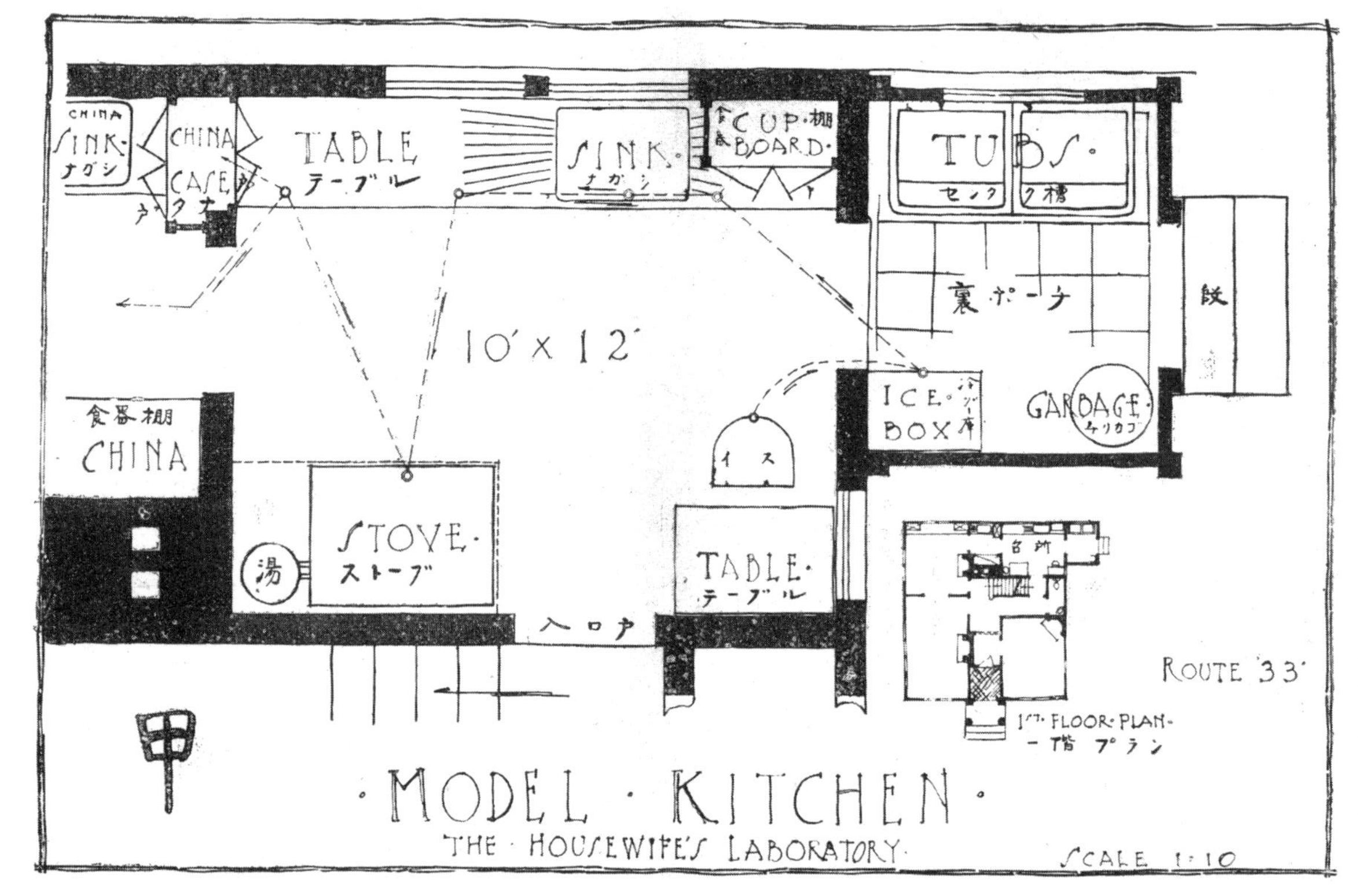

CHINA
SINK・
ナガシ
CHINA
CASE
TABLE
テーブル
SINK・
ナガシ
CUP・棚
BOARD・
TUBS・
センタク槽
裏ポーチ
10'×12'
食器棚
CHINA
ICE・
BOX
冷ゾー庫
GARBAGE・
ゴミバコ
イス
STOVE・
ストーブ
湯
TABLE・
テーブル
入口
台所
ROUTE 33'
1ST・FLOOR・PLAN・
一階 プラン
甲
・MODEL・KITCHEN・
THE・HOUSEWIFE'S LABORATORY・
SCALE 1:10

台所の設計（甲）

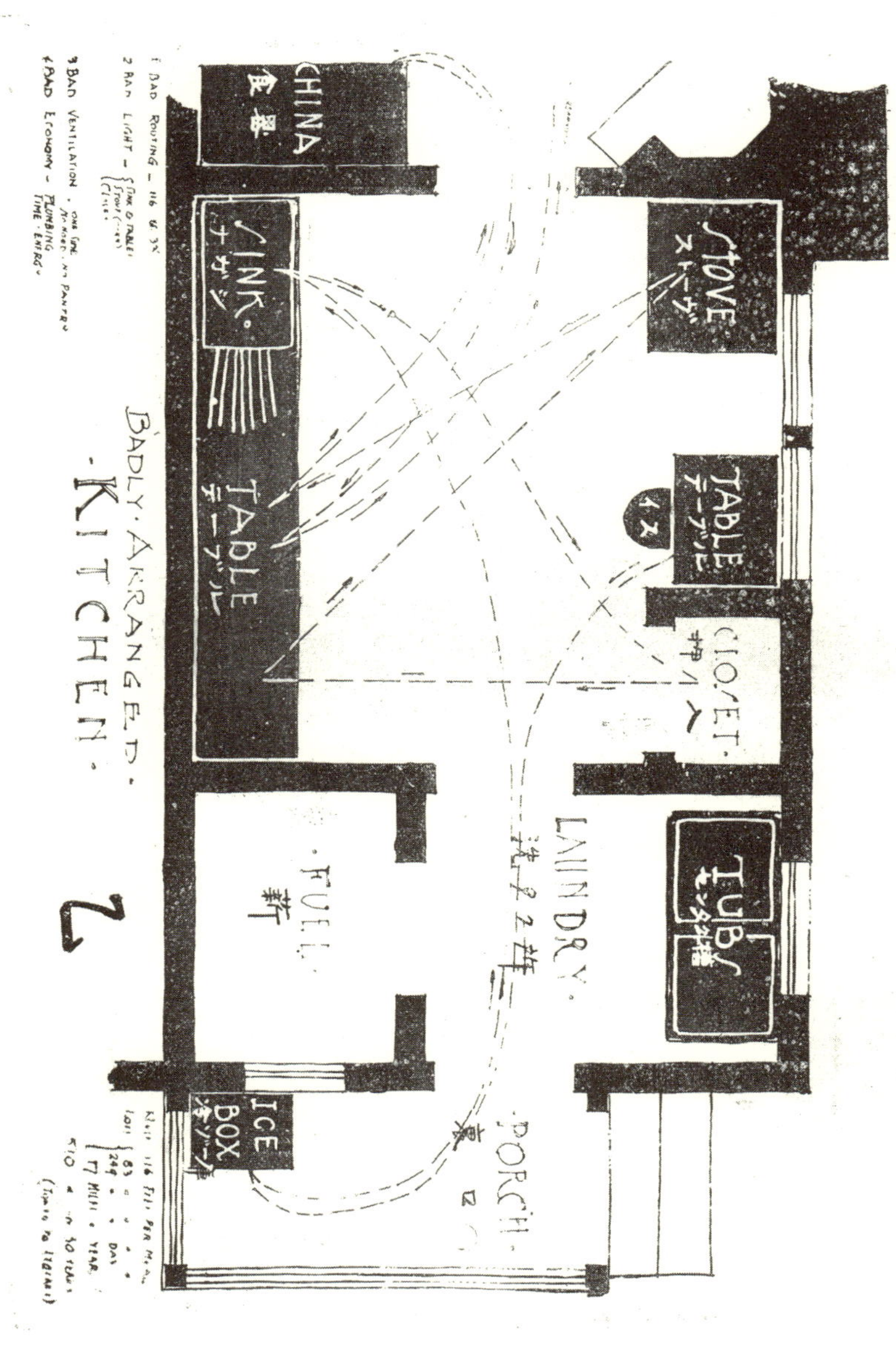
CHINA
食器
SINK
ナガシ
STOVE
ストーヴ
TABLE
テーブル
イス
TABLE
テーブル
CLOSET
押入
LAUNDRY
TUBS
FUEL
薪
ICE BOX
PORCH
BADLY ARRANGED
KITCHEN
乙

台所の設計（乙）

というような所では決してない。家族全体の健康の鍵を握っている所です。だから食物を料理する場合には、どうしても科学的の研究がなくてはならぬ。研究のためには適当のテーブル及び椅子が要ります。そこでクック[*1]さんなり女中さんなりあるいは奥様御自身が勉強をする。ただあっちこちをほじくるのでなしに、この台所という実験室を控えて、営養学（えいようがく）[*2]から来た料理の徹底的研究、そして自分の大事な勤めをやるのです。

ではこれから皆様が文化生活にかかるとして、私がこの二つの台所を、どれでもお好きのように造って差し上げると言ったならば、皆様はいったいどちらを貰いますか。乙は大きい、ゆっくりしておる、働くにこせこせしないからこっちが欲しい、という人があったならば私は大間違いと思います。甲の狭い台所の方がかえって模範的です。夕方五時頃になって、今晩の御馳走はどういたしましょうと、このテーブルに向かって考える。やり方がちゃんときまったら、準備にとりかかる。第一に冷蔵庫へ材料を貰いに行く。それから歩く場所はすべて------[*3]でしるしておきましたが、材料をとり出したなら、それを持って帰り、戸棚からお鍋あるいはフライパンというようなもの

＊1　コック（cook）、料理人のこと。ここではお抱えの料理人を指す。
＊2　栄養学と同じ意。
＊3　図面上に動線を点線（破線）で示したという意味。七四～七五頁の図面参照。

を貰うて、もし魚か肉かあるいは野菜でしたなら、流しに行ってそれを洗う。洗ったなら、テーブルに持って行って料理し、お鍋に入れてからいよいよストーヴにかける。煮える間、いろいろの料理によって違いますが、しばらく椅子に座っていることもありましょう。さて出来上がると、こちらの戸棚からお皿かお茶碗のようなものを出して、それにお鍋から適当に盛って、今度初めて食堂に運んで行く。これが甲の道順です。ごく簡単なものでして、その歩く距離が三十三尺です。ところが乙の方になると、五時頃、テーブルの前に座るは座ったものの、台所の設計が無茶苦茶に出来ているぐらいですから、どうしようこうしようでたぶん遅くきまりましょう。ようやくきまって、冷蔵庫に行く。材料を貰って、それを洗うために流し場に来ましたが、おやおや鍋が入ります。鍋の戸棚に帰る。洗ったものと鍋とを両手にしてテーブルに行く。テーブルからずっとストーヴに行かなくてはならぬ。ここでお料理が済んだ、お鍋をストーヴから脱した、おっなるほど茶碗か鉢か適当なお皿があったはずと、ちょこちょこ走りながら食堂の方にある戸棚へ来る。ここもおおかたごちゃごちゃになっているでしょう。やっと入れ物を探し出して、それに盛って、ようやく食堂へ持って行く。なかなか複雑らしいです。この延長距離が百十六尺、甲の部屋のおおかた四倍になる。それが一日でなしに、食事をやるたった一遍のたびごとにです。比較して乙の損害が八十三尺。ところが一日三遍の食事を摂りましょう。すると一日の損害は二百四十九尺、ほとんど二百五十尺。一年を通算するとおおよそ七里。どうでしょう。まず東京から横浜までの距離を無駄に歩かなくてはならぬ。運動になるか知らんが、つまらん運動です。こうして奥さんが働くうちに、この家が出来たばかりだとすると、まだ三十年はそこに住むでしょうから、自分の子供達がもう大きくなって結婚する、自分達もそろそろ隠居しようという話の出るまで。その三十年間を無茶苦茶な生活に送りますならば、驚くなかれ二百里の損害。東京から糸崎*まで足で無駄に歩く。これでは奥さん、運動もなにもないでしょう。すなわち、同じ設備でありながら、設計のやり方あるいは形の悪いために、甲と乙とはこれほど大きな違いを現わして来る。たった一つの戸棚の置き場も、それが一生涯にかかって来る。なにわずかな違いだと、目先に囚われてはいけない。その価値の有無は、やはり数字的に考えてみない

＊現在の広島県三原市にある山陽本線の糸崎駅のこと。

と何にもならん。これだけの長い距離ならば、奥さんは運動して身体が丈夫になるかも知れんが、その他の方向はどうなるか。これは本当に命懸けの実際問題です。

そんなら光線はどうですか。甲にも乙にも、同じような立派な窓がちゃんとあります。けれどもよほど工合が違います。甲の図を見て下さい。窓の下にテーブルと流しとある。なるほど光線がよく入る。仕事がうまく見える。これなら髪の毛が御馳走に入るはずもなければ、洗うとき半分綺麗で半分汚いこともない。奥さんあるいは女中さんの眼も痛みません。ここは誰も気のつく所で、乙の図も大して変わっていません。問題はその他の所にあります。乙図には流しとテーブルの向かいに、壁がついておる。もしここに立つならば、窓から遠いばかりでなく、自分で自分の仕事を邪魔する。自分の蔭で何も見えないです。ストーヴは？　それは窓の脇だからいいじゃないか。料理もうまくできるだろう？　けれども夏になって窓をあけたならば、風が入る。火の燃える邪魔をする。もしも石炭ストーヴなら、風で灰が飛ぶ、部屋にいっぱい散る、料理の中へ入って妙な御馳走ができるでしょう。西洋ストーヴ＊

＊ここでは暖房器具のストーブではなく調理器具のコンロを意味する。

なら、オヴン*を開けても中は真暗(まっくら)、麵麭(パン)が焼け過ぎようが、出来損なおうがちっとも分からん。蠟燭(ろうそく)をもって行ってもあるいは分からんでしょう。とにかくこういうやり方では、光線が万遍なく行き渡らないです。甲の図のストーヴは、研究テーブル側の窓からちょうど左光線を受けている。オヴンを開けると、窓からまっすぐの光線が入って、中の様子がよく分かる。研究台でもそうです。窓の光線が真正面に入っては眼のために悪い。わずかの問題ですが実際そうです。ここは左側から光線が入って、自分で自分の邪魔するようなことはない。その他、乙の方では、テーブルとストーヴとがあまりに近過ぎる。煮える間テーブルに待っているとすれば、ストーヴの火で熱い。甲の方はいい加減で、たぶん乙のと二三尺の違いですけれども、それでもよほど違う。そして遠いからって煮物の監督は十分できるのです。それから茶碗やお皿を入れる戸棚ですが、これは台所と食堂との間に備えておき、両方から出し入れできるように二つの戸を取り付けてある。すると台所で急に入れ物の要る場合、わざわざ食堂へとりに行くという面倒が省ける。食堂と台所との間にも配膳室がある。それで両方に戸があるから、台所でやかましい音

＊オーブン（oven）のこと。ここでは調理器具のコンロと一体型のオーブンを指す。

を立てたり、臭(くさ)いにおい、あるいは煙を立てたとて、食堂には少しも差し支えない。もっとも大きなお皿とか大きなおはちは配膳室の戸棚に入れる。戸棚のそばに別の流しがある。これは普通の料理の流しとは全く別で、いまのお皿などを洗う所。洗ったらすぐに、あちこち動くということなしに、すぐに戸棚へ入れるのです。乙の設計では、冷蔵庫へ遠過ぎる。なるだけ暑さの入らぬ冷える所を選んだのでしょうが、遠いのは不便です。

要するに、ほんのちょっとした注意によって、細かい所まで計算したら、一年七里どころか、一生何百里の利害関係になります。だから、ただ広い化物屋敷みたいな台所に働くことなく、本当に科学的設備の整った、少しも無駄のない実験室で働く。すれば奥さんの頭も非常に発達します。そういう台所ならば、一つの、むしろ一生涯の教育場所です。文化生活にあてはめる住宅を建てるならば、第一の目的は台所にあります。

三　それから寝室

ようやく台所ができた。今度はどこ？　こんどはとにかくお座敷でなくては、という人があったらまだまだ早い。台所が完全にできたら、第二の問題は寝室です。これまた昔のやり方ではいかん。一つの部屋を、お座敷にも居間にも寝室にも、何にもかんにも使うことは避けたい。できるだけ別々の部屋が欲しいです。

そこで寝室をつくるならば、第一にミニマムのことを考える。最小限の大きさです。例えば、一人寝のベッドを置くとか、一人に一室ずつを分けてベッドを置く。その上理想的につくりたいならば、安楽の生活をしたいならば、それぞれの設備、それぞれの方法があるけれど、一人前ずつのベッドを置くことは、寝室の最小限です。

なぜ寝室を第二に考えなければならぬかという理由は、吾々がもし本当に文化生活を送りますなら、吾々の眠る時間は一日八時間、つまり一生涯の三分の一は寝室に暮らします。居間でも書斎でも食堂でも、そんなに永い間じっとしておることはありません。だから健康のため非常に大事な所です。殊に子供のためには、寝室ほど大事な所はありません。子供の健康を、いい加減に見るでなしに、科学的に考えるならば、子供の身体の成長、発達ということは、あちらこちら走る間には自分のエネルギーをみんな運動に使いますから、寝ている間に肉的[*1]成長発達をするのです。ここに面白いことがある。日本人の背の高さは、世界のどこの人と較べても、比較的低い。これはだれでも承認します。それは何故か。いろいろの人がいろいろの説を言います。むろんいろいろの理由があるに違いない。けれども一つは、畳に座るために、血液の循環を妨げるから脚部が十分発達しない。近頃、学校の設備がすべて腰掛けである上に、家庭にもぼつぼつ椅子式[*2]が入って来たので、たいていの家の子供達は、そのお母さんお父さんより背が高い。確かな事実です。それだけではない、そこに今の寝室の問題も入って来ると思います。日本の家庭の子供達は、いままで、別に寝る部屋を貰っていません。親の寝る部屋に一緒に寝る。親達が活動写真を見に行くならば、子供も連れて行く。それでな

＊1　肉体に関するさま。霊的の対語。
＊2　明治以降、学校や役所などで椅子が導入されたが、一般家庭でも少しずつ普及しはじめた様子がうかがえる。

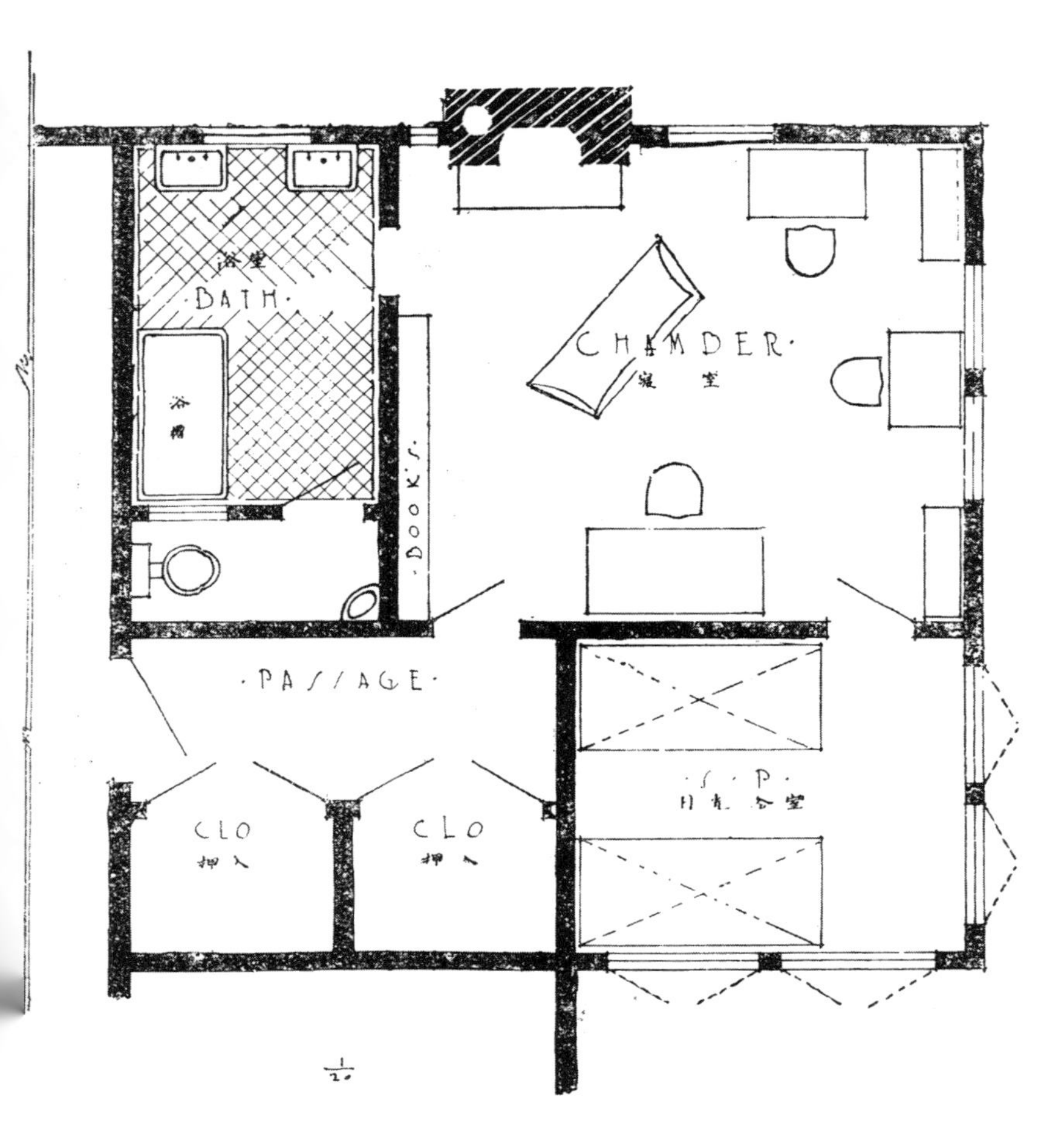

スリーピング・ポーチ付き寝室設計

くとも、夜中まで親達がわいわい喧（やかま）しい話をしておる。子供達は熟睡できないで自然睡眠が不足する。子供達の発達が止まる。少なくとも邪魔される。西洋人はどうですか。私の低いのは別ですが、たいていはかなり高い。食物やいろいろの問題もありましょうが、西洋の子供は、鶏と同じこと、日が暮れると早速寝かす。親達は二三時間後に寝る。別の静かな寝室に行くから騒がしくない。充分十二三時間寝る、その間に子供達はあれだけ伸びるのです。だから寝室は、いろいろの方面に関係のある大事な問題です。

ベッドの入る場所ができたならば、第二はその周囲のこと。実際理想的な模範的な寝室はどう設備するか。私の考えたごく簡単な図面をここに書いてみました。

これは主人と奥さんの室です。室にはテーブルと椅子を一つずつ備える。テーブルのそばには鏡がある。これは奥さん方が御存じのいろいろの様子を*やるところ。それから箪笥（たんす）を置いてある。またストーヴの前に長椅子を置く。さあ大体出来上がった。こうすれば、ほかがどんなに喧しくても、なんぼお客が騒いでも、ここは静かな、安楽な生活ができる部屋になる。

*様子をするとは、主に女性が化粧など容姿を飾ることを言う。

その隣りに造ったのはスリーピング・ポーチです。日本語にはありません。つまり、縁側とは違うけれども、縁側みたいなところで、そこに寝ることができるように設備する。南西側の方に大きな外開きの窓をつけて、その窓は、昼でも夜でも、夏でも冬でも寝ているときでも開け放しになる。この窓から朝より夕方に至るまでうまく日光が入って、黴菌を殺す。温度もあたたかい。ここに寝るならば、この前も言ったように、決して詰まらん病気にかからない。健康上安全第一のやり方です。そしてここもまた他の邪魔を受けない。静かです。こういう風にベッドはスリーピング・ポーチにあるから、この室に、お客様が何を話しに入って来ても、少しも寝室らしくなくて便利です。つまりこの部屋は、昼も使うことができ、夜も使うことができます。

そのこちらにお風呂がある。お風呂場*は、外の空気の冷たい廊下に出ることなしに部屋からすぐお風呂に入られるようになっておる。そのお風呂場に、顔を洗う設備が二つある。これも大事なことです。一つだけならば、朝起きて、一人がぶるぶるやっておる間、他の者は二三十分ぐらいぽかんと待っていなければならん。それが毎日ですと大変な損になる。二つあれば、一緒に

*当時の日本家屋では浴室が母屋から離れた別の場所にあることが多かった。

なっても何も衝突ありません。

　その次に便所ですが、便所とお風呂を二階に造ることは、従来の日本式にはほとんどありません。従って、それはうまく出来ないように思っている人もあるかも知れんけれども、これは楽にできます。それからここに小さな廊下を取って、その廊下のところに押入れを二つ造る。押入れには自分の着物とか何かを入れて、もちろんここに電灯をとりつけ、夜など物を捜すときには、その電灯をつけて捜す。

　これで台所と寝室ができた。この二つがあったら、もう文化生活はできるでしょう。居間がなくても、客間がなくても、第一の食物と睡眠のことさえ整えば、まず生活ができる。そこに家がある。茶の間、客間、みんな有り難いものですが、これらはいずれも無くてはならぬものではない。いくぶんか飾りである。贅沢の部類に入る。是非なくてはならぬものは、寝室と台所、これだけです。

　二年ほど前の話ですが、こういう例がありました。大阪の近所に大きな西洋館ができた。外から見るとびっくりするほど立派なもの。売るために拵えたものですから作り方は感心しませんでした。けれども、場所もよし、ちょっとその形が気に入ったので、それを、ある金持ちが、その時十万円*で買いました。ところが移ってみると、大変驚いた。これでは実際生活ができない。早速私のところに電報を打って来た。見に行きますと、なるほどこれを実際生活にあてはめるためには全然造りなおさなくてはならぬ。まだ入るか入らぬうちに大修繕の問題が起こったのです。というのは、いろいろの理由がありましたが、一つは、台所と食堂との間があまりに遠い。三尺の廊下が七十二尺、お馳走(ママ)がようやく出来て、食堂まで十二間も運ぶ間に、せっかくのものが冷たくなってしまう。のみならず、その真中のところに、本玄関というのでしょう、お客様の入口がある。うっかりすると女中さん、ぽかんとお客様に衝突して大失態する。よほど醜い、失礼です。とにかく本当に不便でした。そればかりか、二階に上がってみますと、寝室がありましたが、それの大きさが八畳か十畳あったのでしょう。片一方は窓いっぱい。片一方は玄関に出る方が二重の戸。もう一方、寝室から二階の書斎みたいな部屋に入る戸がある。その戸は壁の真中にある。そこでその寝室は、ほんの名ばかりで、

＊貨幣価値の換算にはいくつかの指標があり、数値が違ってくるが、企業物価指数を当てはめるなら一千〜二千倍で、ここではおよそ現在の一〜二億円相当の豪邸と言える。

部屋の真中にベッドがある。と、そのぐるり*に三尺ぐらいの縁側みたいな場所ができるから、ぐるぐるそこを歩くことはできるけれども、その他に、箪笥、椅子、鏡台、そういうものを入れようとしても、場所がもう一つもない。そんな大きい、そしてただ一つしかない寝室が、十万円の家です。それならばお客様の部屋は?と見ると、二階の廊下から、硝子戸で覗き込まれるような所に、小さい三畳ぐらいの部屋。その中に、非常に面白い考えだが実物はいけませんでした。何でも腰掛けみたいな、たたみベッドみたいなものが一つ。おそらく、お客様は硝子戸の前に寝ることであまり喜びますまい。子供のためには、寝る室が一つありましたけれども、それは下の方で、しかも畳敷きの昔のやり方。一番なくてはならぬ台所はずっと端の方に不完全きわまったもの。それから十二間離れて食堂。第二に大切な寝室はほとんど役に立たたん。もっとも、食堂は立派なもので、二十人三十人のお客様を宴会に呼んでも何も故障ないでしょう。居間の方も同じぐらいの大きさで明る過ぎるほどでした。けれども住宅の第一第二の条件が駄目では価値なしです。私はその十万円の家を見て、買った人に気の毒でならないのでした。この人は私の

*周囲、周辺の意。近江八幡に本拠を構えたヴォーリズの話し言葉には、このような関西特有の言葉が混じることがある。

意見を訊ねました。二階の寝室には、押入れが一つもない。寝室に押入れは非常に大事なもので、押入れの無い寝室はほとんど値打ちがない。しかし全体に、この家のどの部屋にも、廊下などにも押入れは一つもない。西洋館だから、蒲団はベッドの上に置くし、押入れなんか要らんというつもりでしょう。が、蒲団ばかりでは生活できない。押入れがないならば、他のいろいろの物をどこに置くか。実際生活上困ります。だから、まずこいつから改造を始めて、そして実際生活のできるように直さなければならん。

そこで押入れと云っても、いろいろ違う説がある。日本の家では、押入れは三尺に六尺ときまっておる。そこに蒲団を入れる。またいろいろのものがうまく入る。けれども西洋の寝室には蒲団の押入れは要りません。従って形も非常に違って来るし、そのためによほどいろいろの注意が要る。第一経済上からみて、二尺以上深い押入れは必要ないです。そして、その浅い押入れの真中に、横に長く、太い真鍮(しんちゅう)か鉄かあるいは木でもよろしい。そういう捧を取り付けておいて、それに着物なり洋服なりを掛けますならば、なんぼでも掛かりますし、その中の一つを使うというときには、他のものには少しも差し支えなしに取ることが出来る。日本の押入れは深過ぎるために、中の方が暗くて、物を捜すのに困る。行李や箪笥に入れておくときは、ふだんに始終使うものは出し入れに際して他のものが邪魔になって面倒です。それで居間のあっちこっちに釘を打って、いろいろの物をつるしておく。ずいぶん醜いです。浅い押入れならば、明るいから、どんなにたくさんさげておってもすぐ分かり、帽子でも洋服でも、面倒なく取れる。しかし戸が狭いと不便ですから、戸は二枚にする。日本の押入れには戸あるいは襖が二枚ありますが、そういう風に引き違いでもよろしい。開き戸を二枚付けておくと、全体を開ける時あるたけのものが皆一遍に見える。必要のもの一つ一つ取ることができて、この方が便利です。洋服を入れるならば、その幅だけで十分であるものを、一尺でも無駄にするのは、建坪（たてつぼ）からも非常な損です。

四　最少限の住宅設計

先ほども申しました通り、住宅としては、台所と寝室とがあったならば、それで十分生活できるはずですが、それだけでは吾々どうしても満足されない。時にはお客も来る、時にはいろいろ仕事をしなくてはならぬ。たとえそういうことをしなくても、少なくとも一家族というものの生活をするために、もう一歩進んだミニマムの問題が起こって来ます。
それは何と言ったらよいか。リビングルーム。日本語には適当な言葉がありませんが、やはり居間というのが一番近いでしょう。リビングルームは、西洋館でもまだ八十年か九十年前から出来たもので、昔の西洋の家にでも意味が違い、まして日本の居間という意味とは大変違います。旧式の西洋館では一番なものは、むろん客間、お座敷です。そこには塵埃が入ったら大変というので、大切な家具の上にはたいてい白い切布かあるいはなにか廉(やす)い切布で、幕と言うのか、袋のようなものを拵えて、ずっと張り回してある。窓掛け*をかけた上に戸を閉めて、子供でも入って悪戯(いたずら)したらと、言い含めたり、叱ったり、喧しいこと夥しく、終(しま)いには錠まで付ける始末。それでいてお客様はというと一月(ひとつき)にたった一遍ぐらい。さあ大騒ぎ、窓掛けを開く、戸を開ける、袋をとる、家中てんてこまいです。やっと空気の入れ替えができる。

*カーテンのこと。

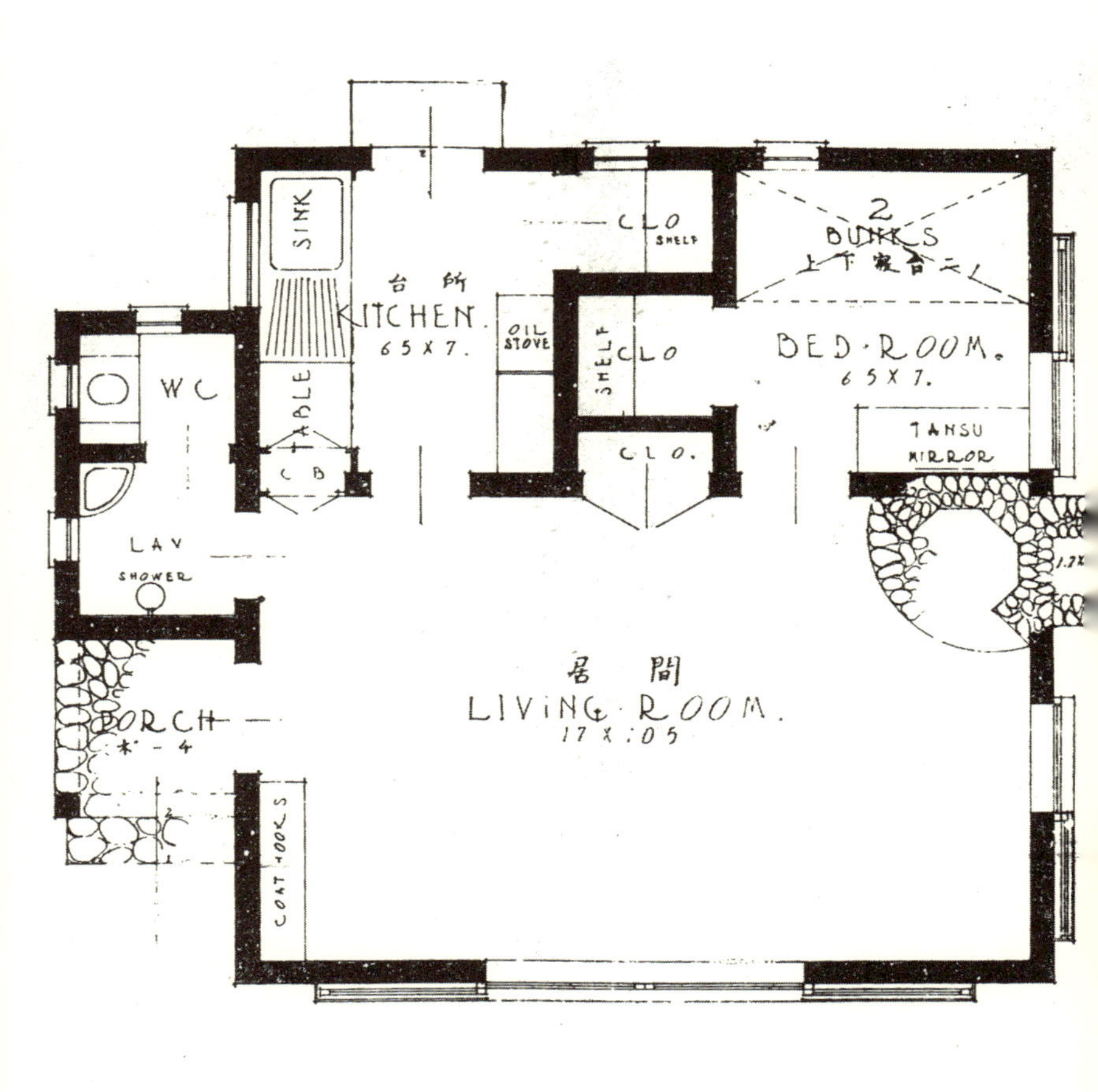

SUMMER·COTTAGE

最少限の住宅設計

お客さんが入る。知らん顔していつもがこの通りでございますという風に見せ付ける。それは昔の生活です。私の願いたいことは、日本でこれから西洋館を建てるならば、そういう昔のやり損なった生活ではなくして、当然今の新しい文化生活にあてはめたものを造り、そしてあんな役に立たない、ほとんど飾り物の客間などにたくさんのお金をかけることなしに、実際に適した心地のいいリビングルームを造って欲しいです。そのリビングルームはむろん、一人ずつではなく、そこに家庭あるいは家族の者が集まって、子供とも顔を合わせ、一家団欒の楽しい生活ができるように設備したいです。

ここに面白いことは、今までの台所とか寝室というような部屋は、健康の方さえ十分ならば、形はどうでもいい、中の設備もそう構わん、という風であったのが、居間の方になるとそうはいかん。初めに美術の問題を起こします。そこはどうしても物の釣り合いをよくしなければならん。吾々がちょっと部屋の中に入ってみる。椅子がある、テーブルがある。なるほどあれはあの位置でなくてはいけない。絨緞が敷いてある。この色はうつりがいい。他の色だったらさっぱり値打ちがない。そういう工合に形とか色とかいうものが、吾々の気分に非常な影響を与える。それで始終住んでおる吾家が、もし吾々に悪い気分を起こさせるようなのもであったら、家族全体のため特に子供達の家庭教育が非常に遅れる。だから初めに、いろいろの設備の美術的調和に心掛ける。単なる窓の問題でもそうで、一方は五尺の窓であるのに、一方は四尺五寸というのでは、わずか五寸の違いでも、吾々に与えるいやな気分は大きい。吾々の住宅の美的思想は、主として居間において現われると思います。

ここに九尺二間（くしゃくにけん）というようなごく小さい設計図を御参考のために入れました。台所、寝室と居間との三つだけです。この大きさが全体で三間に三間、十八尺平方。実は去年の夏でしたが、吾々はちっとも故障なく、また窮屈を感ずることなしに、どのぐらいまで小さな家に住むことができるものとか思いまして、いろいろ設計の上この家を建てて、そしてそこに実際住んでみましたが、何ともなく、楽に生活のできることを実験したのです。そこで居間は、この家の半分以上を使うことになりますが、食事もここで摂れば、お客さんもここへ通して、何もかもこの一間でやります。台所は、六尺五寸に七尺の寸法ですが、さっきの模範的設備ができていて、光線も十分入るし、材料の置き場、ストーヴ、両方から開ける戸棚、みんな揃っておるから立派に料理ができる。時にはお客さんが一人二人来る。少しも差し支えない。私はこの家で、一番多いときは十八人のお客さんに一遍に食事を出しました。むろんいっぱいになりましたけれど、むしろ賑やかで結構でした。とにかくこの小さな家でも、夫婦ぐらいのものには、十分楽に生活できると思います。

考えてみると、小さい家に住むことはそんなに難しいことではないもので、私は昨晩一二等急行で東京に来ましたが、あれに食堂車がついていましょう。そこに入ると五十人以上が一緒に食べておる。何ともないです。その台所はどうですか。幅八尺五寸の中から廊下を取りますと、やはり六尺五寸ぐらいのもの。長さは一間半もあるか知らんが、それにしてもこの家のそれと大した変わりはない。その狭い台所で一遍に五十人、交わる交わるにならば二三百人になりましょうが、いっこう差し支えなく御馳走ができる。だからもし批評的に昔の日本家屋について言うならば、その一番根本の間違いは台所にある。関西の田舎では、その家の半分以上が台所——土間です。そこには何

二十坪の住宅設計（その一）

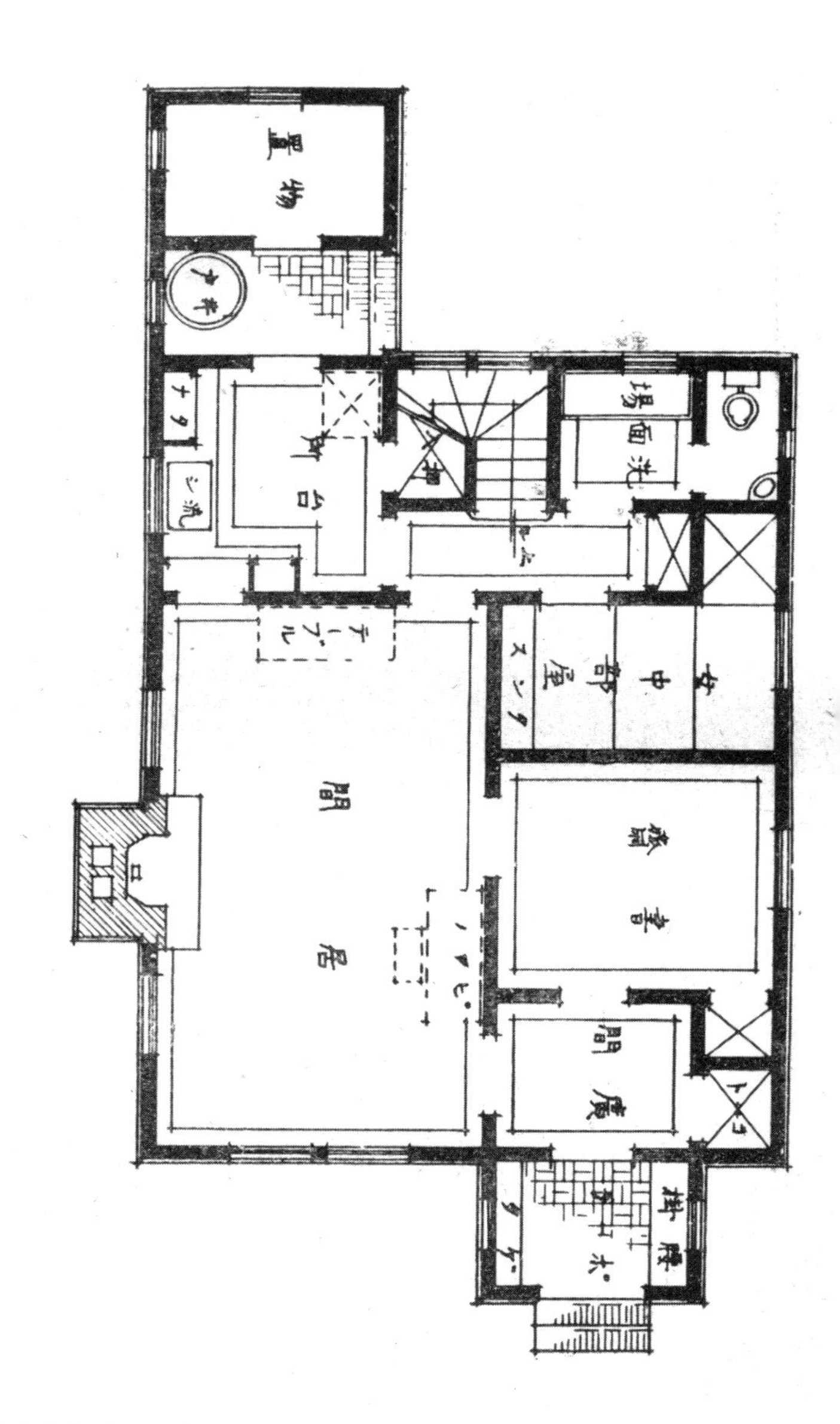

二十坪の住宅設計（その二）

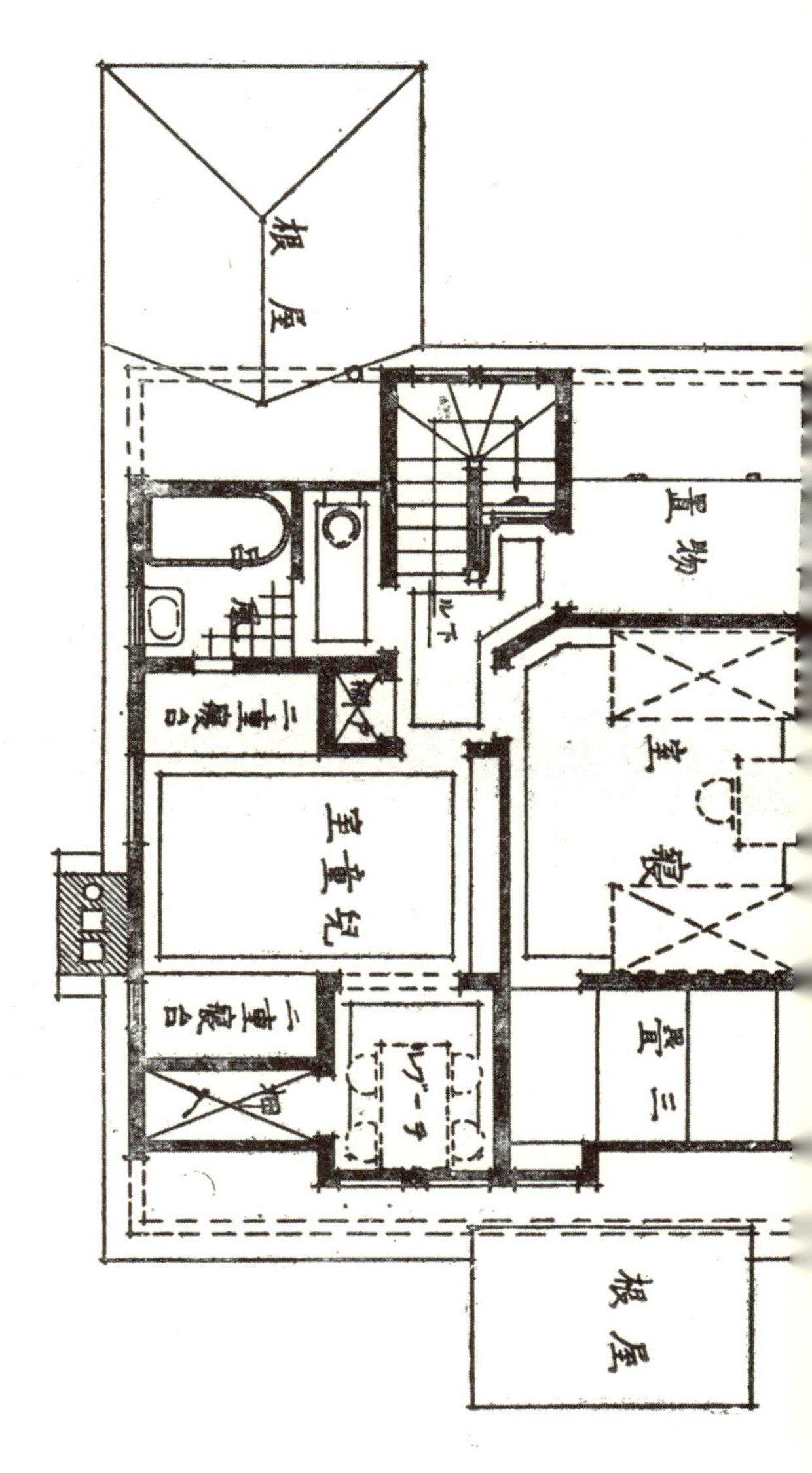

二十坪の住宅設計（その三）

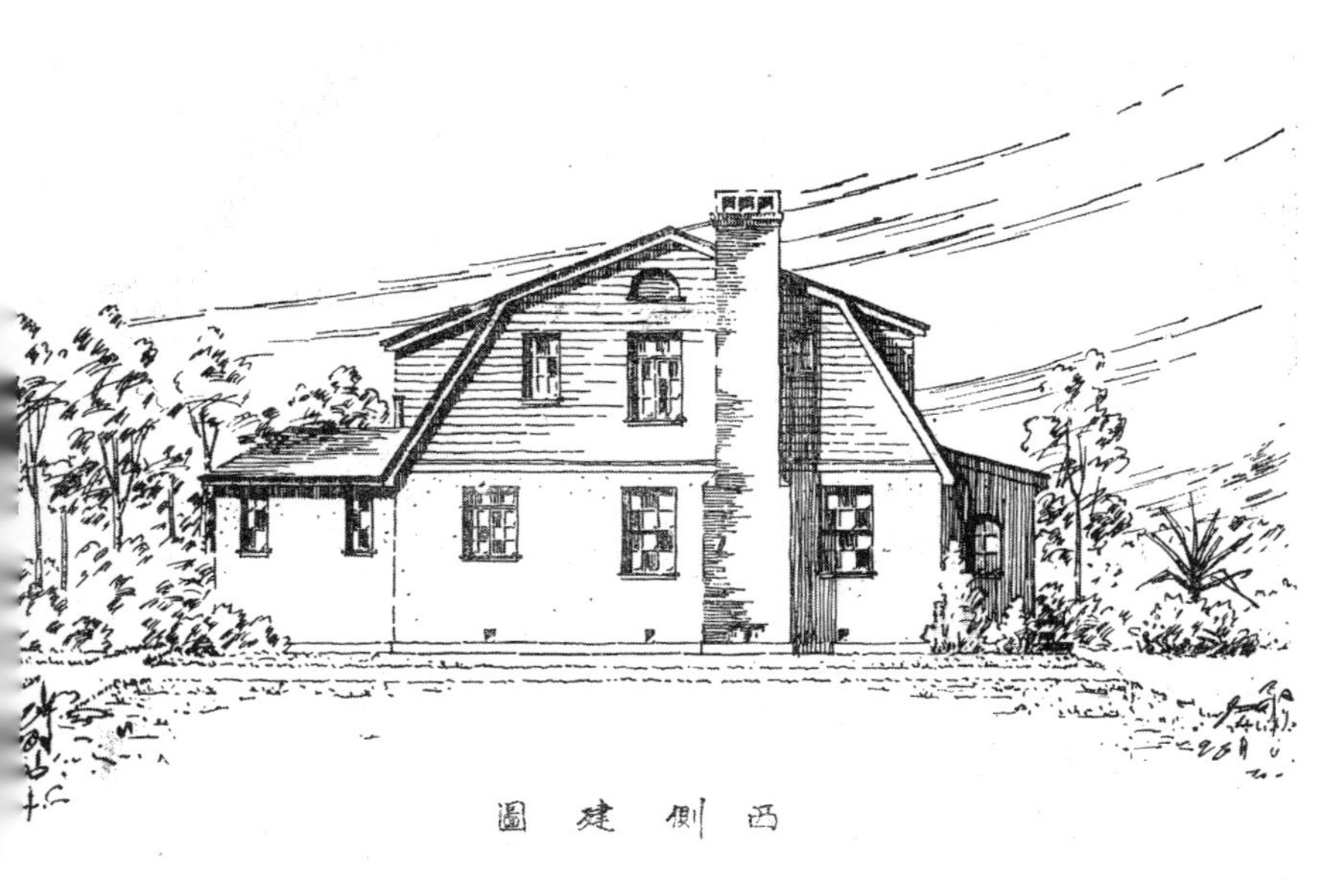

二十坪の住宅設計（その四）

でもかでも入る。けれども働きにくくてほんとうに困る。私も二ヶ年半ばかり、そういう二三百年前に出来たかと思うような日本家におりました。大きい方から言えば立派な台所で、幅二三間に長さ五六間、それに高いことと云ったらやっぱり棟まで開け放ち、天井がない。けれども現代生活には、あまりにかけ離れて不便なことを経験しました。先刻の小さな八畳敷きぐらいの台所でさえも、一年に七里の損害ですから、こんな大きな台所ならば、一年に何百里の損害でしょう。その家の智識の程度は、台所を見ればすぐ分かる。そして小さい台所ほど理想に近いです。殊にこの頃は田舎でも女中問題が難しい。都会あたりはさぞ困っている方が多かろうと思いますが、この風ではあまり遠からぬうちに女中の無くなる時期が来るに違いない。その時は奥さんが自ら料理しなければならんが、あんな大きな化物屋敷の台所で奥さんはどう働くか。疲れてしまいます。可愛そうです。二つ三つに分けたなら、立派な部屋が十分できます。そして寝室はどうか。これも台所と同じように、六尺五寸に七尺あれば結構生活できる。いま仮りに日本から米国に行くとして、東洋汽船*の船にでも乗るならば、船の寝室は、あっちこっち探さなけれ

*かつて存在した安田財閥系の海運会社。サンフランシスコ航路などに大型船を導入し隆盛を誇った。

ば分からぬように離れたものではない。大きいのでも一間半角ぐらいのもの。そこに上の寝台と下の寝台とちょうど鉄道のそれと同じようにして、二人前造ってある。航海は十七八日かかるが、その間あの小さな部屋で平気に生活ができる。十分楽に身体を休められる。だから、そのつもりで図のような寝室を拵えて、上と下とに寝台をつくる。簞笥も入っておる。片側に押入れをつくる――これは押入れが比較的大きいですが――それで何にも困ることは無いでしょう。居間でもそうです。戸棚があるから、ふだん要らぬ椅子はそれに入れておいて、要るときは急に組み立ててつくるようにする。組み立てるベッドも入れてある。米国の兵隊でも使うようなやつで、要らないときには長さ三尺ぐらいに縮む。お客があったらいつでも組み立てる。二人ぐらいならその居間で十分泊めることができる。その他お風呂も便所もあるから、家族の少ない家庭なら、これだけの広さで十分むしろむやみに大きな家よりも本当の文化生活ができると思います。

五　二十坪住宅とダブルハウス

一階建ての不経済なことは前にも言いました。田舎の町なら、地面が二三円、上等の所でも十円以上はありませんから、一階建てでもあまりわるくありません。ことに田舎町が山ならば、一階の寝室でも二階以上の高さがあるので、普通の一階で結構でしょうけれども、東京大阪などの都会では、経済のため特に健康のため、是非二階建てにして、そして寝室を二階にとるのが本当です。九七〜一〇〇頁の図は、これもやはりミニマムの、文化生活のできる小さな家で、いま大阪の近所で建てている実際のものです。

玄関の外側はポーチみたいになっていて、そこへ下駄で、あるいは傘を持ったままで上がる。床(ゆか)は人造石あるいは煉瓦のようなもの。玄関を入る。その脇に押入れがあるから、それは帽子外套傘そういうような物を入れる。まっすぐに上がると小さな書斎がある。右側に居間、この居間は食堂を兼ねておって、そのためのテーブルが置いてあるが、御飯が済むとこのテーブルはたちまち長い腰掛けに変わる――テーブルの上は腰掛けの背となる――今までの食堂はことごとく居間になって、しかも二間に三間半というかなり大きな部屋ができる。今度は直接に台所に入る。七尺五寸に一間半で、前のより少し大きいがあまり変わりない。設備はミニマムに、台所は一年に七里の損がないように、必要なだけ整えてある。それから裏玄関に出る。井戸がある。その向こう側に物置き。ストーヴに使う石炭や、日本の家になくてならぬ漬物桶などはここに入れる。井戸には自働喞筒（ポンプ）で水を上げて、自分の水道をちゃんと造ってある。それから二階に上がります。これはちょっと面白い形をして、棟のごく高いところだけを二階に使う。屋根裏の二階です。だから外の正面から見ると一階建てで、屋根先が三角形をしております。その前に、下のリビングルームのところの小さな廊下に、二階へ上がる段梯子がついておる。そして台所からまっすぐに行くと、ここに洗濯場と下の便所がある。その反対側に行くと女中部屋がある。これは三畳だけの小さなものですが、押入れもあるし箪笥を置く場所もある。その箪笥は普通の物の二倍の大きさになっておる。ですからわずか三畳でも窮屈なことは一つもありません。この女中部屋から二階へ上がる段梯子へゆかれます。つまり女中部屋からは、直接、台所の方へも、あるいは二階へも出られる廊下があります。いよいよ二階に上がりますならば、屋根裏の勾配の最も低いところにはすべて物置きができて、わざわざ物置きを建てる無駄もいらず、物の出し入れにも苦労なくできておる。まっすぐ進むと、二つの部屋がある。一つが寝室で、主人夫婦のためにベッドが二つ並んでおる。その隣に三畳の畳敷きがある。そこには箪笥が置いてあって、屋根裏の低い方には抽斗(ひきだし)ができておる。まず夫婦ならばこれだけで楽な生活が送られます。

ところが、子供が出来て来ると一緒ではいろいろ不便が起こるし、親としての感情からも、子供のためにする部屋が欲しくなる。それで隣に部屋がある。それは最も面白い造り方です。元来この家を建てる人は、非常に子供の教育を重んずる人で、男の子が四人あって、上の子が当時小学校でしたが、その子供達のためにできた家といって宜しいでしょう。

子供の寝室は、その両側に、さっきの船あるいは汽車のような上と下とのベッドが二つずつある。そこを出ると、ちょっと凹(へこ)んだところに窓があって、窓のそばにはテーブルと椅子が四つ備えてある。これが子供の勉強室です。むろん寝室とは自由に連絡がついていて、そこに押入れがあり、中には銘々(めいめい)の着物がちゃんと入れてある。とにかく子供の部屋がこの家の中心になっております。

ただ一つの居間で、しかも食堂と居間とを兼ねて使うと、ここに一人遊んでおる、一方は一生懸命勉強しておる、また片一方はいらんことを饒舌(しゃべ)っておるという有様で、勉強も本当に身に入らず、仕事していても捗(はかど)らず、と云って遊ぶ方も面白く遊ばれない。みんなが損です。しかもそこへお客さんが来る。ますます困る。お客さんはそう始終来ませんけれど、もしあまり心安くないお客様ならば、すぐ居間に通すことは少し工合が悪い。そこで玄関のそばにもう一つ小さな部屋が欲しい。これはこの家の書斎ですが、静かな別に差し支えない所ですから、これを応接間、客間、みんな兼用にして宜しいと思います。

私はいつも思います。お客さまと云っても、本当の友達か親しい間柄ならば、居間に通したとて恥ずかしくもなくお客に失礼でもなければおかしくもない。かえって歓迎しましょう。吾々の本当の生活を見せる。味わって下さい、批評して下さい。ここに親しみがある。冷たい、四角ばった客間などに通すのは、君は邪魔しに来たんだぞ、というような気分に思われて、お客様はかえって堅くなっていやな気持ちになります。私はたいていならば居間に案内したいと思います。

もう一つ図面がある。これはダブルハウスの半分だけ出ておるので、向こう側にもこれと全く同じ家があるはずです。大都市では、地面の関係上、一軒一軒離れた家はもうこれから難しくなります。のみならず、普通は、一二間を距(へだ)てては一軒、また一二間置いては一軒、という風に建ててありますが、庭にもならぬ地面なら不経済です。また普通のやり方のようでは、夏一軒の家が窓を開けて風をとる、こっちの家は覗き込まれるようで迷惑する。子供が泣く、近所隣へ聞こえて邪魔になる。そこで、長屋と言えば体裁が悪いか知らんが、二軒を全く一緒に一棟に建てる。真中を煉瓦か何かで間仕切りする。木造でも差し支えない。これを二重にして、その中を空気が通るようにすれば、なんぼ喧しくても隣に邪魔しない。二三間空いた所よりもかえってこの方が便利です。そして両端の地面をできるだけ空けて、そこに庭をつくるならばなお結構でしょう。この実物は二三年前に建てましたが、ごく簡単に文化生活ができて、両側にうまく住まわれるといって非常に満足していま す。建坪が、一棟の半分、つまり一家族分が二十二坪半。二階を除けば十八坪ぐらいで、小さいけれども、なくてはならぬ物は皆入っております。

入口にベランダみたいな所がある。ここまで下駄あるいは靴のままで上がる。上がると腰掛けがある。腰掛けの下に下駄などの棚ができておる。入る、段梯子。その下に抽斗がついておって、それを開けるならば草履スリッパなどの準備が、入口の脇にいつでもしてある訳。廊下は非常に狭い。ミニマムです。けれども窮屈ではない。居間とその後ろに食堂がある。二つの間仕切りは四枚の硝子戸で、戸をずっと開けてしまえば、日本の屏風のように開かって、全体が大きな一間になる。だからごく便利に使われます。その隣に朝飯の室というのがある。つまり第二食堂で、西洋の家ではたいていこれがあ

地方小都会のダブルハウス（その一）　†

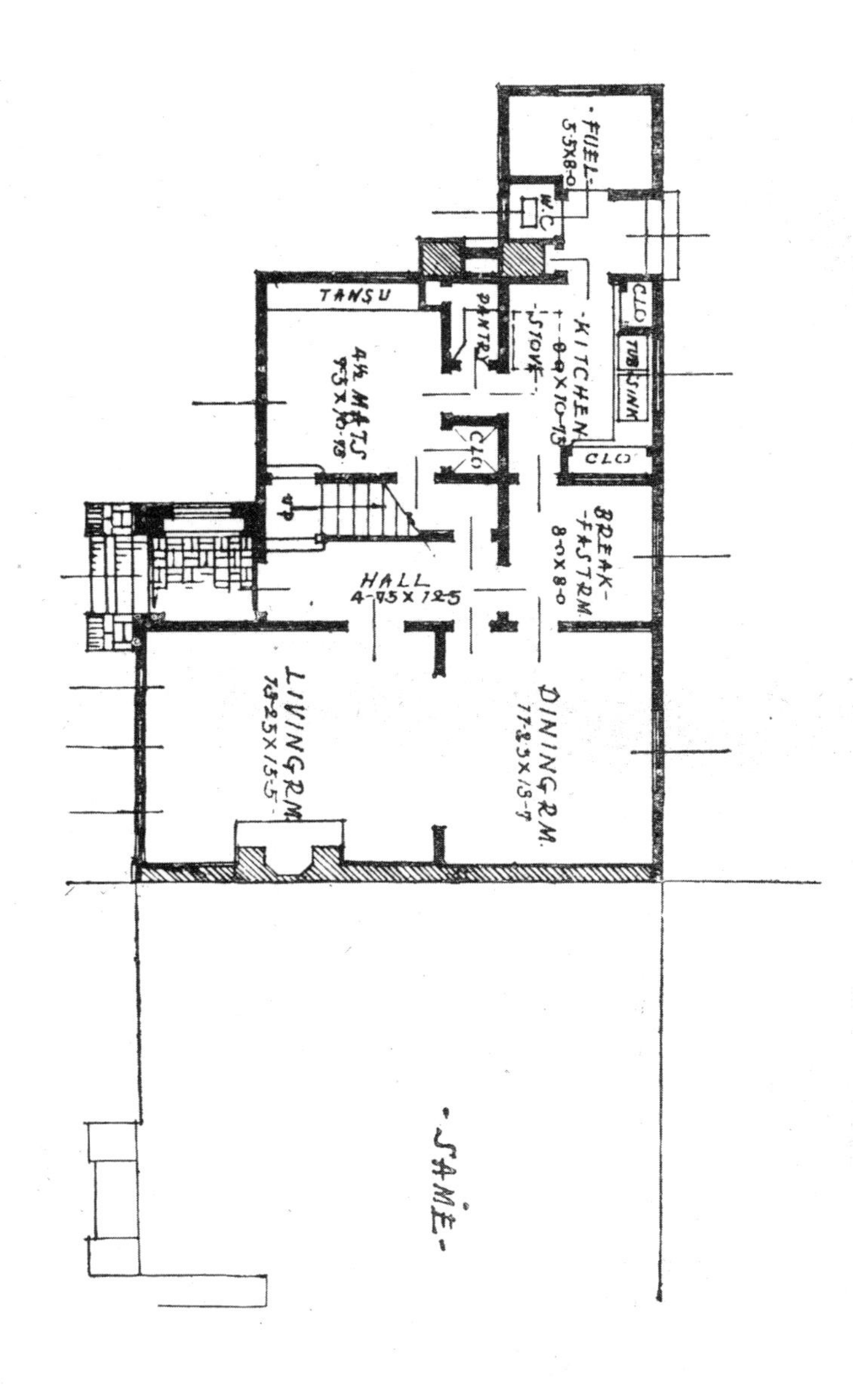

ダブルハウス設計（その二）

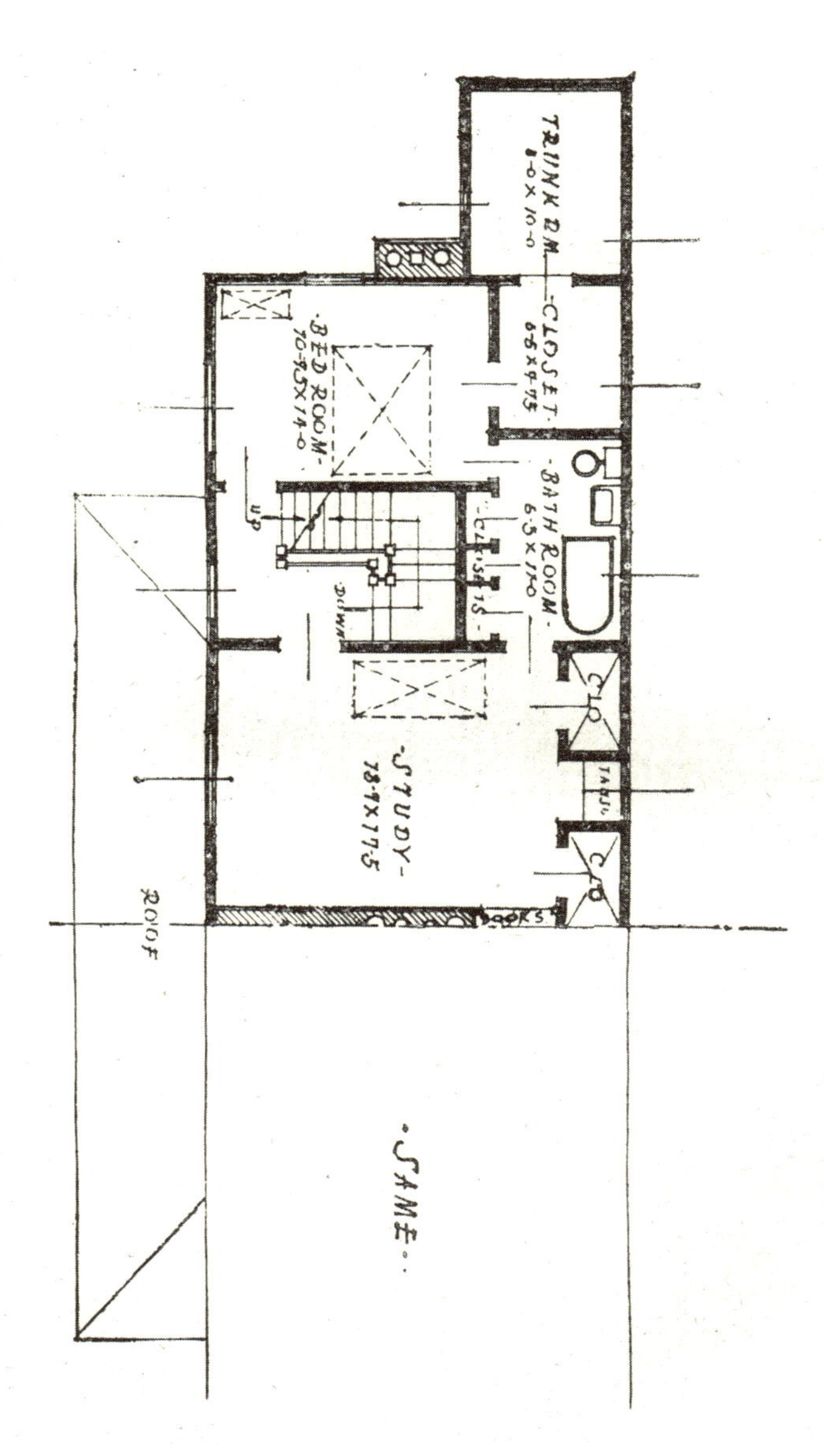

ダブルハウス設計（その三）

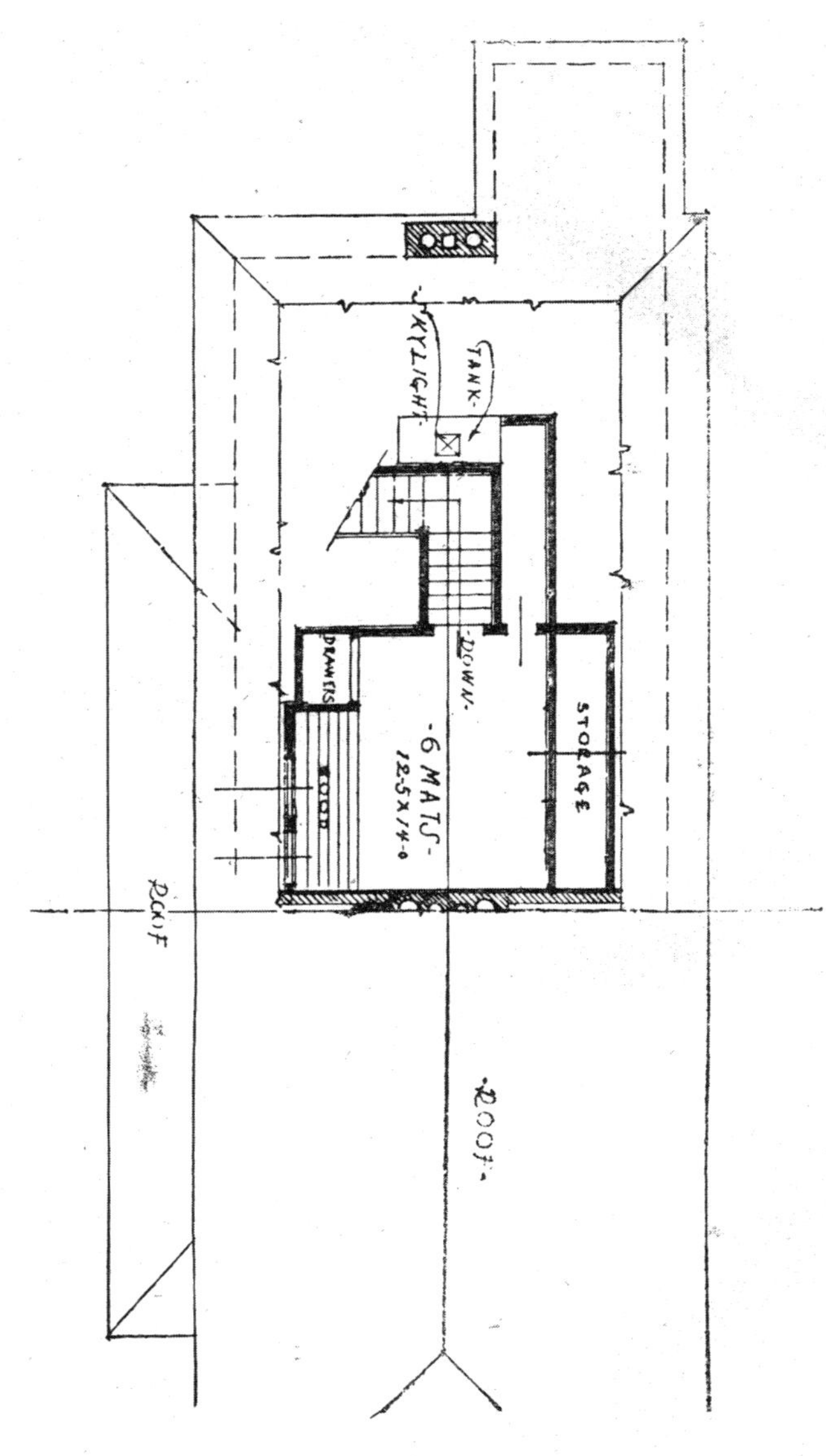

ダブルハウス設計（その四）

って、ここでは普通のとき家族だけ御飯を食べる。あるいは子供達が早く起きて学校へ行くために、ここで先に御飯を食べ、親達は後で大きな部屋かまたはここで食べる。まず本当の食堂はお客様のあったときしか使わない。台所へ来る。七尺五寸に十尺五寸のやはり小さなもの。そこに一つの余計の設備が入っておる。流しのそばに、もう一つ流しらしいもの、それは西洋の形にできた洗濯の設備である。その隣に、裏玄関と石炭など入れるものと下の便所とがある。一方には食物の配膳する所がある。それから前へ戻って、表の入口の脇に小さな応接間がある。この部屋は都合によって、書斎あるいは客間あるいは女中の室、何にでも使うことができる。廊下は台所と連絡がついていて、この廊下に段梯子、そして段梯子の下に一つ押入れがあって、ここに傘外套帽子などを入れる。二階へ上がって来ると、片方に大きな部屋がある。これは居間にも書斎にも使えますが、普通ならば寝室に使う。ここに押入れが二つ。その間に窓、窓の下に、家に合わせて拵えた簞笥があり、簞笥には特別大きな深い抽斗がついておる。それからもう一方にもう一つ寝室がある。その奥に窓のついた大きな押入れがある。これは化粧部屋としても用いられる。なお進むならば屋根裏には物置きができておる。二つの寝室の後方の戸を開けると、いずれも同じお風呂場へ通ずる。西洋館のお風呂はたいてい二階についております。何故ならば、西洋の習慣で、風呂を使うのは朝起きて着物を着る前か、夜寝る前であって、昼にはほとんど使わないし、また前に説明した通りプライヴェシー（privacy）のために寝室の隣にもって行くのが便利です。便所なども二階につけないと不便です。お風呂場に戸棚が三つあります。お風呂の戸棚はおかしいようですが、皆その必要があって、第一に手拭いタオルなどを入れ、第二には薬品、第三にはちょうど鏡台みたいに、鏡とか髯剃刀（ひげかみそり）とかの道具、それから戸棚の下に洗濯すべき物の入れ場がある。これも必要で、毎日洗濯しないで、一週間に一遍とか二遍とかするならば、毎日できて来る洗濯物の置き場がなくては困る。一番適当なのはお風呂場です。しかしここには蒸気がありますから、戸棚なんかに入れておくのでは、いくぶんでも黴になりはしないか。その問題のためには、方法がある。すなわち空気抜きができておる。

まだ廊下についての問題があります。住宅ならばその廊下は短いほど価値があります。けれども日本の昔の建築は実際反対で、家の三分の一あるいは半分ぐらい廊下になって、それを立派なものと思っていたらしいですが、廊下が長ければ、用事をするのに時間と労力の無駄が多い、のみならず、建築上廊下もまた全体の家と同じ値段で坪数を加えますから、一坪余計な廊下を拵えてもそれだけ建築費の損害で、つまらぬ贅沢です。とにかく廊下の短くかつ小さいのが完全な建築です。

六　子供達のために

もっと重大な問題は育児室です。家を建てるのは、現在の自分のためもありましょうが、おおかたは将来のため、子供のためにする。これが中心目的です。子供ほど大事なものはありません。ともすれば、子供なんかどうでもいい、と放っておくのは、無自覚な野蛮時代のことで、文化生活においては、子供の寝室ばかりでなく、昼使う部屋、子供の養育のためにする部屋を考えてやらなくてはならん。

台所と寝室があれば家です。けれども、家とホームは違います。居間ができて初めてホームの資格になる。そしてホームを完全にするならば、少しでも多く子供のために特別の設備を考えなくてはならん。その設備の要件を簡単に言えば、第一光線のよく入ること。子供は朝五時頃から眼を覚まして大騒ぎする。だから一番先に日光が入って部屋を暖かくするように、南東の方に子供室を造って、朝寝坊なぐずぐずの親は西の方に寝室をつくる。子供は早く寝る。親は遅い。親の部屋は日が早く没しない。第二には空気のいい、そして乾燥な場所。これも健康のため大事なことで、従って二階がいい。というと反対が起こるでしょう。子供は始終庭園運動にでるから、その上がり下(お)りに不便であり、また危ないではないか。ごもっともですが、これがためには、子供のための別な玄関と階段などの特別な設備をして、いつでも自由に自分の部屋へ入られるようにする。第三は子供の運動ベランダ（play porch）*。冬あるいは雨のとき、子供は外へ出て運動することはできないから、空気の十分通ずる子供達の遊び場所をつくってやる。これは日本には全然入ってお

＊運動ベランダ、プレイ・ポーチ（play porch）とは屋根付きのテラス状の部屋を子供の遊戯室としたもの。

りません。第四は玩具の物置き。始終部屋を滅茶苦茶にしておくのは教育上非常に悪い。そこで特別の玩具の物置きを準備して、遊びが済んだらばきまったところに入れておくように、赤ちゃんの時から教える。これが家庭教育の始まりです。もちろんその隣に洗面室、便所、お風呂をつくる。毎日二階から下の方の、長い廊下を通って、遠い所へ連れて行く。冷たい空気、寒い風、弱い皮膚の持ち主はすぐ風邪にかかります。つまりミニマムとして、たとえ子供がひとりぼっちであっても、昼の室と、晩の室、遊ぶ室と寝る室の二間は少なくとも欲しいですが、もう一つその寝室の近所に保母室が欲しい。夜中に子供が眼を覚まして泣く。すぐ起きて行って手当するために子供の世話する人の泊まる部屋もつくりたい。いままでは、子供という考えがなくて、余ったら子供のためにという風でしたが、私の考えでは、まず設計にかかるときに第一に子供の設備をはかって、それを中心にして他の設備をぐるりに建てたいです。でないと、後でそういうことを考えたとて、決して残る場所もなければ、いい室もできません。一一九～一二一頁の図面は子供を中心にしたホームの設計です。

子供の昼の室。もちろん東南向きで、東向きの窓もあるから、朝日が一番さきに入る。この家には冬のためには暖房の設備がありますが、ファイアプレース[*1]（Fireplace）もありますから春と秋の寒いときにはここに焚火（たきび）をたきます。南の方は四板（ママ）の硝子戸ですっと開くことができる。そこからベランダへ出ます。南側ですから、硝子から光線がよく入って遊ぶのに心地がいい。寝室に入る。二つの寝台。押入れも二つあって、銘々の着物その他をしまっておく。教育の一部です。この室から保母[*2]の寝室に通う戸があります。保母の寝室はごく小さいけれども、ただ寝る部屋ですから差し支えない。病人のある時は本当の看護婦でも泊まれます。ベッドの他に押入れがある。育児室の北の方の一番使わない一番いらん所に風呂場と便所。そして玩具の物置きがありますが、窓があるから光線が十分入る。両側に棚があって、浅い小さな方には小さな玩具、深い方には大きな玩具が入る。東向きの窓の下に腰掛けがあって、子供の高さに合わせて造られ、その腰掛けの下には、小さい地袋[*3]みたいな戸棚と抽斗ができていて、寝る前に子供達は、ここへ何でもかでもきちんと片付ける。綺麗に準備ができたら寝室へ入る。夜が明けてお天気

＊1　暖炉のこと。
＊2　ここでは乳母など子どもの世話をする女性のこと。
＊3　天袋の逆で、床に接して設けられた、戸のついた物入れ。

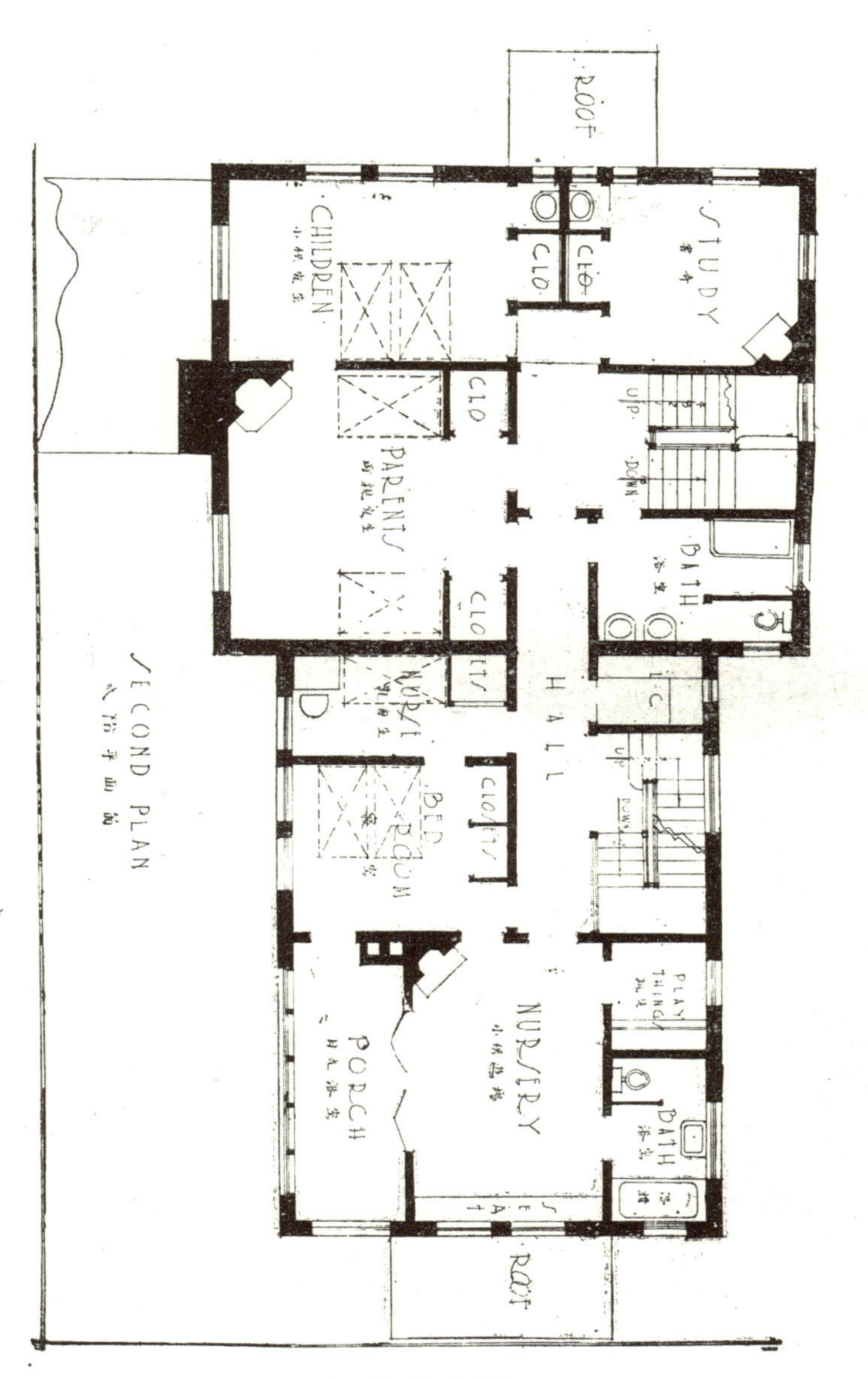

子供中心の住宅（その一）〔二階平面図〕

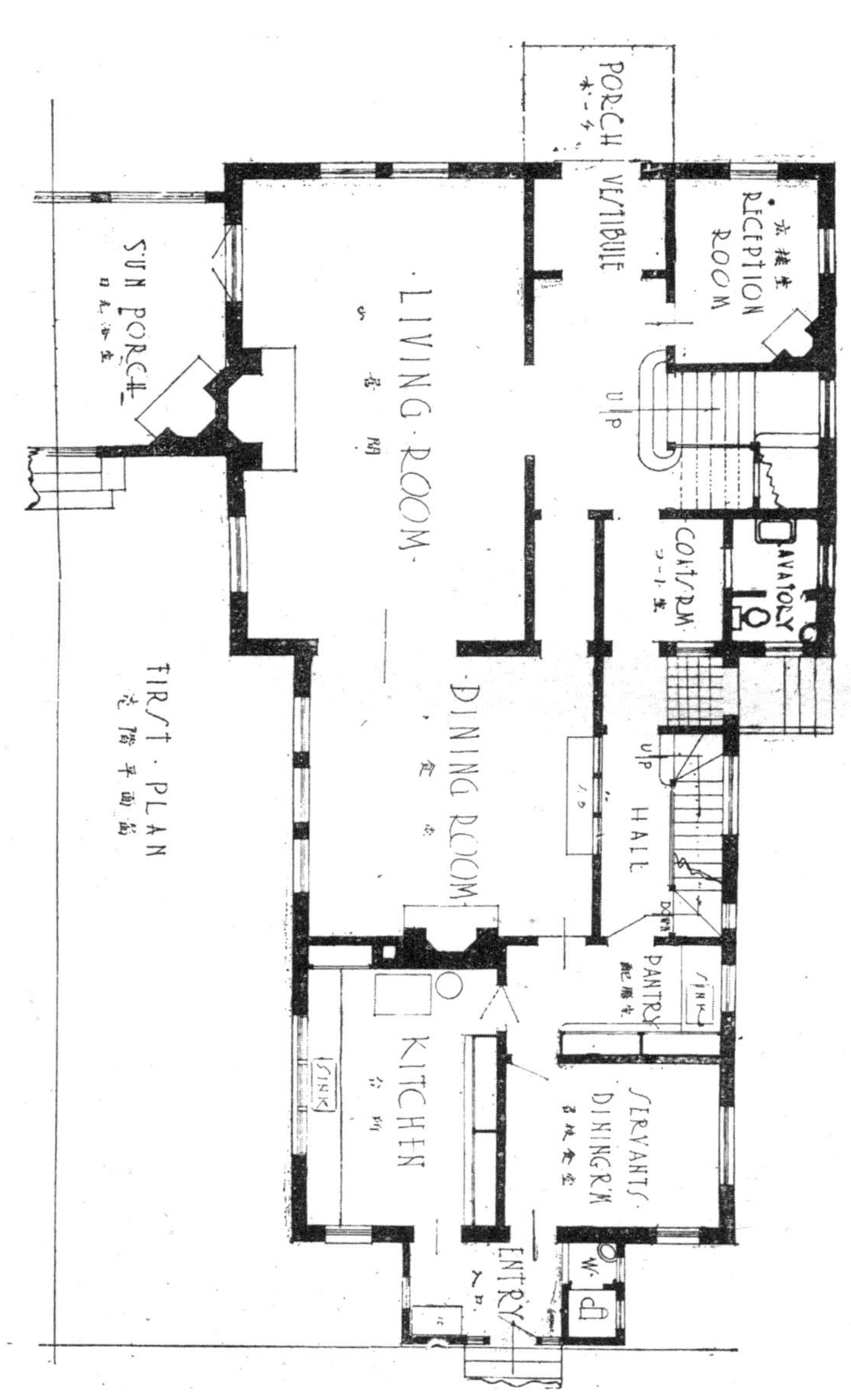

子供中心の住宅（その二）〔一階平面図〕

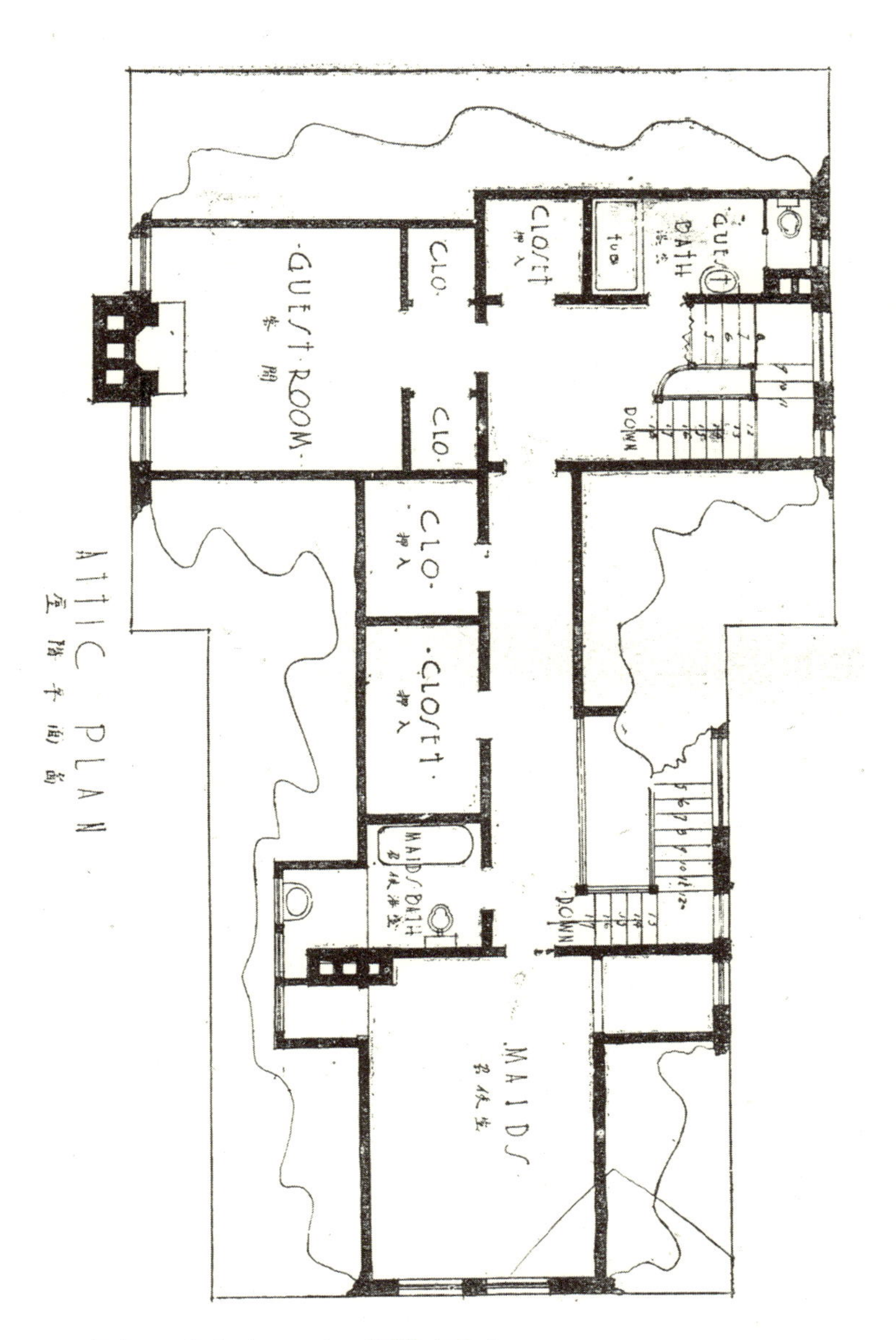

子供中心の住宅（その三）〔屋階平面図〕

ならば運動に出る。別の段梯子を通って、別の、子供達のための玄関に出るそこには、下駄護謨(ゴム)靴及び帽子外套の入れ場がある。表の廊下に行く戸もあります。子供は早く寝るから、夕飯を先に食べるならば、台所から子供の段梯子を通って、直接育児室へ子供の食事を持って来る事が出来る。

私はここに一つの問題を起こします。それは文化生活に少しも関係のない、昔の本玄関と内玄関です。私は大きらいです。広い意味から考えるならば、普通どこでも学校には表玄関の立派なものがあって、学校は子供のためにできておるにもかかわらず、肝心の子供は犬か猫のように、端っこの汚い不充分な玄関から入って、その綺麗な方からは、おそらく一年に一遍、卒業式のとき知事か市長か大事ならしい人が、職員の大騒ぎのお迎えの中をすまして通る、ただそれだけ。家の玄関も同じく、昔風ならば、いつも閉め切って、常はくぐり戸から入る。大変な矛盾です。私の言う本玄関は、子供も親も誰でも出入りしますが、ここに別な玄関をつくったのは、それだけ特別な理由がある。子供が学校に行くとき、運動に出るとき、この玄関には子供のための下駄、靴、そういう特別な設備があるから、ここから出入りした方が便利です。子供が騒がしい、うるさいから別にした。そんな気分であったら初めから、子供の教育は零（ママ）です。

廊下によって子供の部屋と親の寝室とは全く連絡しておるその廊下と一般の廊下の間に戸がある。それからこの親の部屋と連絡して、もう一つ別な子供の部屋がある。これは小学校の年の子供のためです。しかしどちらも親の監督がなくてはいかんから、直接、十分連絡のできるように、便利なところに親の寝室が拵えてある。中の廊下からまっすぐに入ると、お風呂場。子供は廊下から入る。中にはいろいろの設備がある。

この家全体が子供のためにできておるのですが、と云って親はどうでもいい訳ではないから、親の勉強するとき、子供達が騒いでは困るので、一つ静かな部屋が必要です。そこで階段の隅の方の、全く離れたところに書斎をつくった。これだけが親のための設備です。その他、二階三階を説明するとよく解りますが、これだけで子供の生活は十分できますので、まだまだいろいろの注意がしてあります。表内玄関床（ゆか）は人造石、煉瓦など、広間に入って、この隅の六畳ぐらいの所に応接間、他の一方にはさっきの外套帽子掛けの設備の他に、小さな部屋があって、この部屋から直接洗面所と便所へ行くことができる。

ここで一口説明しなくてはならんことは、どんな理想的の家に行っても、お客様のための設備がなかったら、ちょっと困る。決して贅沢な大きな客間はいらんですが、もしお客さんのよく来る家ならば、第一帽子の置き場、外套の置き場。それから直接関係のあるものに、お客様の便所を忘れてはいけない。入る、帽子外套を置く。そばに便所があれば別段説明を聞かなくても、非常に便利に使うことができる。長い廊下を通って、あっちへ曲がってこっちへ折れる。そんな便所は不便所[*1]です。少なくともお客様に不親切です。むろん他の部屋に邪魔するような所ではいけませんが、理想的な家ならば、この設計も大事なことです。

二階へ上がる段梯子のむかいに居間の入口、居間の中には南側にファイアプレース。両側に窓、東側の真中には食堂への入口、広い戸。食堂は南向きで光線がよく入る。ここの中心になっておるものがサイドボード[*2](Sideboard)。やはり教育に関係する。またそこに住む家庭の気分のために大事なことです。

＊1　ヴォーリズが好んだ駄洒落であろう。
＊2　食器類を収納したり飾ったりする、棚や引き出しのついた家具。

それから煙突は、同じもので食堂のも、台所のストーヴのも、二階のもできる。台所は先ほどの模範的台所の設備と変わりません。食堂と台所の隣に、女中の働く場。配膳室の中にお皿を洗う流しと戸棚とがあって、そこから食堂に入る。そこから裏玄関にも裏階段にも出られる。裏階段の下に、地下室へ行く階段がある。女中の寝室は三階にある。屋根裏に設備してある。裏段梯子を上がると女中の部屋。その隣に女中のお風呂と洗面所と便所。物置きもできておる。この屋根裏にもう一つ設備がある。お客さんの寝室です。決して失礼なことはないと思います。かえって親切です。なぜならば、子供のためにできた家ですから、三人四人の子供が朝早くから大騒ぎするならば、お客さんは寝られない、迷惑する。ところが三階の静かなしかも南向き。自分の風呂場も便所もあって下へ降りる必要がないから、よく安楽に眠られて、朝寝坊しても、ちっとも家庭の生活に衝突しない。だから屋根裏へ客間を造ることは、客のためにも家庭のためにも非常にいいことで、お座敷の騒々しい窮屈な所に案内する方が間違いだと思います。

第三講

一　玄関

前には設計の具体的なお話にかかりましたが、あまりに長過ぎて途中で止めてしまいましたから、一遍出した残りの冷たいのでは御馳走になるかどうか解らんけれども、先にそれを二三点出して、あとに第三の問題にはいりましょう。

本玄関*（Entrance）の問題については、既にいくぶん申し上げましたが、なお少し考（かんが）うべき所があります。普通の西洋館は、それが外国の都市でありますならば、外から直接に広間（Hall）へ入っても差し支えないです。むこ

*ここでは住人などが出入りする勝手口と区別して、来客用、表向きの入り口、玄関を指す。

うでは御存じの通り、道の両側にサイドウォーク*がありますから、雨が降っても雪が降っても、足が泥にはいるようなことほとんどありません。東京などとだいぶ違います。が、日本の家ならば、それをどんな形に建てましても、内玄関（Vestibule）は十分広くして、人造石か煉瓦で堅くつくり、そこまで下駄あるいは護謨（ゴム）靴ではいれるように、また傘もここへ持って入ることの出来るようにする。それからその外に、西洋ではたいていポーチ縁側みたいな所がありますが、とにかく屋根でも廂でもよろしい内玄関（Vestibule）よりもう一つ出しておかなければなりません。それでないと、雨の日に礼服で飾って玄関に出る、まだ傘が開かぬうちに濡れてしまって非常に困るのです。

　広間（Hall）のことも前に少し言いましたが、広間（Hall）はただ歩くところですから大きい必要はないし、やはり広間（Hall）でも内玄関（Vestibule）でも他と同じく坪当たり金幾何（いくばく）の中に加わりますから、大き過ぎては全く損です。と云ってあまりに狭くて、お客様の出入りに窮屈のようでは満足できない。だから、その家の大きさあるいはその使う程度によって、どのぐらいの幅が要るかがきまるので、一つの規則はどの家にも合うものでない。家の

*道路の両側、あるいは敷地内に舗装された歩道のこと。当時の日本では歩道がほとんど普及していなかったことがうかがえる。

家族の数、始終見えるお客様の数、その方面から研究して、ごく小さいものでよろしい。もし広間（Hall）の幅二間ぐらいならば、二間半か三間の居間の必要があります。広間（Hall）が大きくて、居間の小さいのは調和が取れません。もし子供の入口を別につけるとすれば、そちらにも子供の靴、外套、傘などを入れる設備があるはずですから、表広間（Entrance Hall）はいくぶん小さくて差し支えない。それからコートルーム[*1]ですが、これも表広間（Entrance Hall）から洗面所便所へ直接入るようにすることを忘れてはならない。

二　日光室・サンポーチと女中部屋

今度はサンポーチ[*2]の問題。一一九～一二一頁の家にはサンポーチが、二階に子供のためにありますが、下の方には一家族のためにもあります。これがうまくできましたら非常に有り難いもので、外側が硝子戸で閉めることも開けることも自由ですから、冬の寒いときには閉めておけば暖かくて、ここで

＊1　婉曲的にコートルーム（coat room）と言う場合は、お手洗い、便所の意。
＊2　サンポーチ（sun porch）とは、ガラス張りにして日光を採り入れたテラス状の部屋のこと。

遊ぶこともお仕事もできるし、雨の降るときにはここへ出れば外へ出た気持ちになれる。もう一つの特徴は、硝子戸のために朝昼晩まで日光が十分に入るから、この部屋が自然に暖まって、そのとき内側の戸を開けるならばその熱が中の部屋に入って、もちろん暖房の設備があれば大した問題もないようですが、ストーヴばかりあるいはファイアプレースばかりの設備のある家に経済になり、また自然の暖かみの方が心地がいいです。ある私の知っている人の経験によりますと、その人は以前の家にはサンポーチはなかったが、今度新しく家を建ててサンポーチを造った。同じ向きで、部屋の大きさも同じ、そしてストーヴも同じものを使いましたところ、このサンポーチのために、一冬の石炭の勘定が何でも半分か三分の一ぐらい経済になったと言いました。のみならずこのサンポーチは、子供の勉強する所になり、または奥さんのお仕事をする室になり、あるいは家族全体の使えるほとんどリビングルームのように役立ちます。

今度は客間について、もう少しお話ししたい。部屋は屋根裏でその隣りにお客様のお風呂場と便所の設備があります。このゲストルーム*がないならば、

＊客室、客間のこと。

お客様が来たときに物置きからベッドを出して、組み立てるやら、蒲団を出すやら家中ひっくり返るような大騒ぎをしますが、これがあるならば、すべての設備が常に準備してあるはずですから平気です。ですからお客様は非常に気持ちがよくて、遠慮なしに来ることが出来ます。けれども大騒ぎをするならば、遠慮して二度と来なくなる。もちろんお客を泊めることのきらいな家ならば、初めから準備しない方が賢いが、吾々たいていそのはずはない。そんなら、客間は一番立派な大きな場所に、そしてたくさんの金をかけた設備を入れるのか。その必要はちっともない。客間は一年のうちに二三回、多く使っても知れたものです。そんな所にお金をかけるのは不経済ばかりでなく、お客様はかえって遠慮をするようになります。たいていのお客様の一番喜ぶことは、簡単に、難しいことなしに、心安く迎えられることです。私はこれがほんとうの親切と思います。それですから屋根裏で充分です。設備さえ完全にできましたならば、客間の問題は、簡単に解釈できると思います。

次に女中部屋。昔の考えならば、女中などどこでもいい、自分の家が出来

神戸郊外の一住宅　書斎　†

同上　サンポーチ

神戸郊外の一住宅　居間

同上　同室の一面

上がったら、その残り物で、庭の隅の方へごく粗末な小屋を建てて、そこへ放り込んでおいてもよかったのです。ところが今日、この問題はそんなに簡単でない。放っておけば、女中は丁寧な家へ逃げて行って、そして終(しま)いには、求めてもなくなる。それればかりではない。だんだん文化が進むに従って、女中もまた人間であるという自覚が、女中の方にも主人の方にも起こって来て、豚小屋のような所では双方共満足せられない。女中もやはり人間らしい所に住むはずです。そこで屋根裏に女中部屋を造ります。これは経済であるともに便利です。夜中に病人ができたとき、慌てて外へ飛び出さないでも、裏の階段からじき呼ぶことができる。別な家ならば、夜いつ帰ったかちょっと分からないが、三階は同じ家ですから、安全で、また監督もうまくできる。もし女中の風呂場、便所などを同じ屋根裏の便利なところに拵えておくならば、この上結構な待遇はないです。こういうことは五六年前まではほとんどなかったが、その時ある人から家の設計を頼まれ、初めてこの問題を起こした。みんな反対しました。それは女中が家族の人々よりも高いところに寝起きするなんかもったいない、というような種々の理屈がありました。が結局、それでは行ってみようとの事で、ようやく女中部屋を屋根裏に拵えた。出来上がるとみんな大喜び、前の理屈は忘れてしまった。殊に女中さん達が喜んだ。まことによく出来て、日光も入る、健康のためにいい、夢にも考えなかった立派な所、これでは結婚もみんな断ってずっと永く勤めたい、と、それほど満足したんです。ところが昔の建築では、屋根裏は大きな問題で、ここは鼠の天国です。暗い、塵埃だらけな、鼠ががたがたかけ走り、電灯線をかじり、下の部屋へはほこりを落とす。大変な騒ぎをする所です。そればかりか、小さな住宅でも、大きな鴨居やら、柱やら丸太棒があっちからこっちから組み合わせて、まるで材木小屋みたいに、全く身動きが取れない、ちっとも使うところがない。この頃の新しい、少しでも無駄があってはならぬという経済の世界に入っては、そんな屋根裏はなんらの特徴も価値もない。だから出来るだけ屋根裏を利用します。またわざわざ別なところに物置きを建てないでも、ここに立派な物ができる。三階ですから湿気が上がらず、品物のために最もいい。わざわざ家の脇に不恰好な物置きを造らないでも、ここに自然に物置きができます。その上、客間、女中部屋等を造りますならば、経済上にも非常な得です。

たとえばアパートメントハウスの事についても同じです。アパートメント はたいてい鉄筋コンクリートで建てられ、たいてい屋根は平らですが、それを利用する法があります。それは、これの建つぐらいの所は多くは地面が一坪何百円もする所ですから、運動場等の地所が得られませんので、そこで屋根を庭園と運動場に用います。しかしこの場合にもし庭園に用いる充分な地面があるならば運動場を地上にこしらえ、屋根は急勾配に造る方が得策です。その屋根裏にさきに書いたように色々の設備ができます。一四九〜一五一頁のアパートメントハウスの屋根裏の中には四家族のアパートメントができ、その上に物置き、事務所、女中部屋などがいくらもあります。

三　古家の改造

それから是非心得ておいて頂きたい事がもう一つある。それは古い家を改築するという問題です。先祖代々から伝わった古い古い家、あるいは現在の家でも形が古くて、どうも不便で困る、満足できないというような家は、たいていならば売り飛ばして、他に建築するような有様ですが、二束三文に売り放つなんかはあまりに惜しい。そんならどうしたらいいか。私は、現在の家でも、古い悪い昔の形にできた日本家でも、十分理想的なものに改造することができると思います。殊に田舎の家が容易に改築できます。私が田舎へ参りましてちょっと家へ入りますならば、すぐ眼玉がぐるぐる回るぐらいです。ここを何とかしたらだいぶよくなる。こいつを取り換えたら理想的な家になる。天井の上の三四尺無駄があるゆえ天井をそれだけ上げる。床（ゆか）ももう少し、それと同時に上がるならば湿気の問題もなくなる。そんなようなことが次から次へ浮かんで来る。こんな風に考えるのは自分のくせですが事実においても改築ということは何でもないことです。去年、私どもの住む近江八幡町*に一三七頁にあるような古い不便な設計の家があったんです。

　この家の庭は東の方にあり、西の方は道でいっぱいになり、そして南の方に小さい庭がありました。けれども不思議なことには、南の方には壁がずっと塗って窓が一つもありませんでした。玄関へ入るならば、玄関も台所も何

*当時は八幡町。戦後に近江八幡市となった。

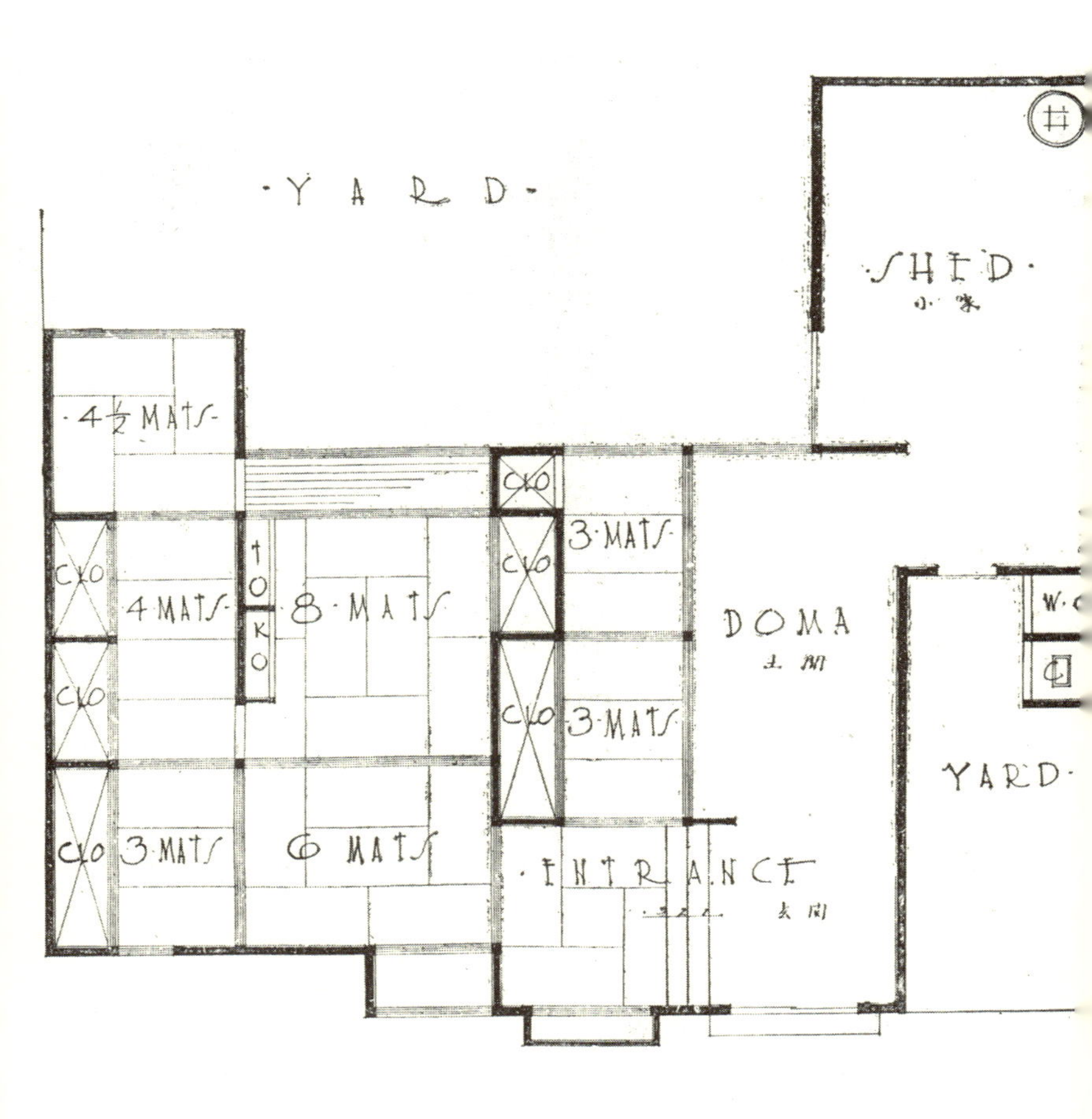
YARD
SHED
4½ MATS
CLO
4 MATS
CLO
CLO
3 MATS
TOKO
8 MATS
6 MATS
CLO
CLO
3 MATS
CLO
3 MATS
DOMA
ENTRANCE
YARD

古い不便な家

もかも一緒で、つづきの土間でした。そのまんなかぐらいに三四尺幅の板戸みたいなものがあって、その後が台所になっていました。その外に別に間仕切りというものがない。十尺の幅で長さが二十七尺。その大きな所に床もなければ戸もなければ全くの開け放ちです。

その土間つづきの台所には、大きな竈がある。もちろん煙突はない。煙が自由に上がって屋根の天辺に小さい穴が開いて、そこからゆっくりゆっくり出る。でも、すぐ出られないから、その間にあっちこっち散歩して、屋根裏や天井を真黒に染める。それで煙くて耐らんから、大きな戸があっていつも開け放ちです。井戸はまた遠い所で、そのそばにある流し場で物を洗い、半日ぐらいの旅行をした気分で、台所へ帰るならば、運動には理想的な、だだっ広い、そして乱雑きわまる台所です。たぶん一日十哩ぐらい歩くでしょう。しかもこの台所で洗濯もやりますし、焚物*もいっぱい積んである。何もかも置き放しでです。便所は南の庭のところにできております。そして寝室は北の端にあるので夜便所に行こうとすると、他の人のいる所を通って、玄関を通って、土間を通って、物置きのそばを怖々通って、足を棒のように疲らして

*燃料や薪（たきぎ）のこと。

やっと着くのです。光線の一番余計に入る所は玄関ですが、その玄関は、庭の便所を除いては何にも使うところがない。むろんここには押入れもなし、寝られそうな設備は何にもない。この無駄な所を通って、六畳の間に行き、そこから八畳の座敷に行くならば、さすが客間だけあって、縁側に面しており、釣床(つりどこ)*があり、押入れも一つあるが、ほかに役に立つ部屋は一つもない。可笑(おか)しくて堪(たま)らん。台所の隣に三畳がある。その隣にも三畳、六畳室の隣にも一つ三畳がある。前の二つは光線がちっとも入らん。後の一つは何のための部屋だか分からん。中の間が四畳半、これが寝室でしょうけれども、この肝心の部屋に大事な押入れがない。万年寝床(ねどこ)で蒲団を敷いたままならば差し支えないでしょうが、蒲団を出し入れするならば、ずっと遠いお座敷へまで持って行く。殊に南の大事な光線はちっとも入らん。わざわざ壁をつけて遮ってある。ただわずかに光線の入るのは東と西の側だけ。

この家が貸家になって、住宅難の喧しいとき、長い間空いておりました。時たま借り手があったかと思うと、腰掛けのほんのしばらくで出てしまう。どなたでもこの家では満足できますまい。そういう歴史から終(しま)いに売り物に

*下に床板を設けない簡略な床の間のこと。

なって、私共の手に入りました。あたかもそのとき、吾々は適当の住宅を建てなくてはならぬ必要から、この古家の大きさの三分の二ぐらいの設計を拵えて見積もりまで取ったところでしたが、そこで早速この古家の修繕改造の方法を考え、うまく出来上がったのが別の図〔一四一～一四三頁〕です。むろん坪数も元通り、屋根も元通り、外側の壁も大部分元通りで、向きも変わりません。変わったのはただ内部のやり方だけです。

大事な南の土間は、外に庭もありますから、これが一番大切なリビングルームと食堂に適当しています。そこで古い壁がちょっと潰れた模様になりました。その隣に台所をつけた。真中に煙突が立ちました。煙突は台所と居間と食堂の煙を吐くようにする。裏の台所から食堂を通って来る戸を開くと、ここに縁側みたいな廊下、そこに戸を拵えて、いつでも庭へ下りられるようにしました。台所から近くに物置き、そして裏玄関。裏玄関からはまた物置きの方に通じていて、あの古い大きな物置きは、もう三尺ばかり拡げて、そこにはお風呂場、洗面所、便所を造り、一方の半分を物置き、洗濯場、その

古家より改造されたる一住宅（その一）　†

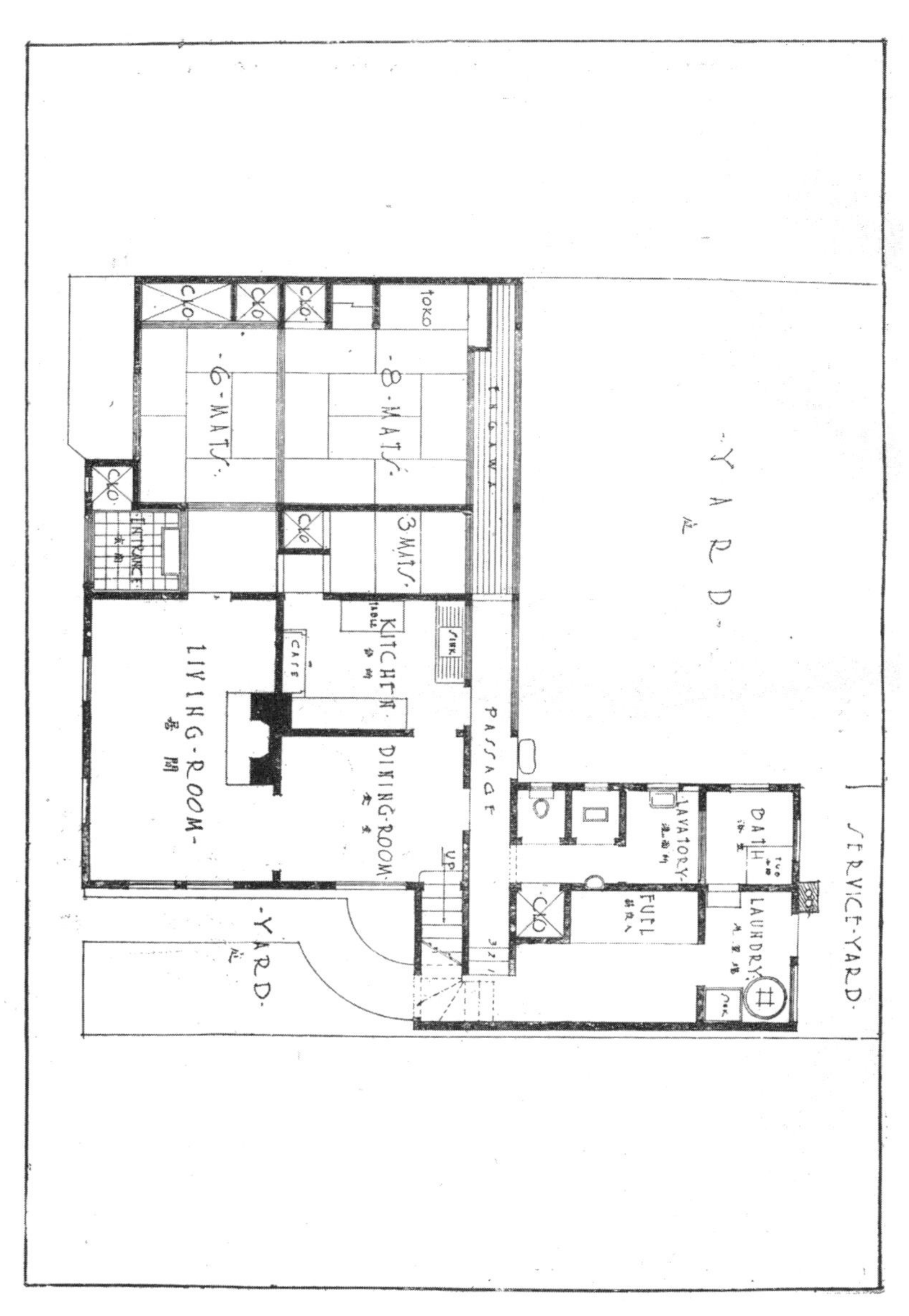

古家より改造されたる一住宅（その二）

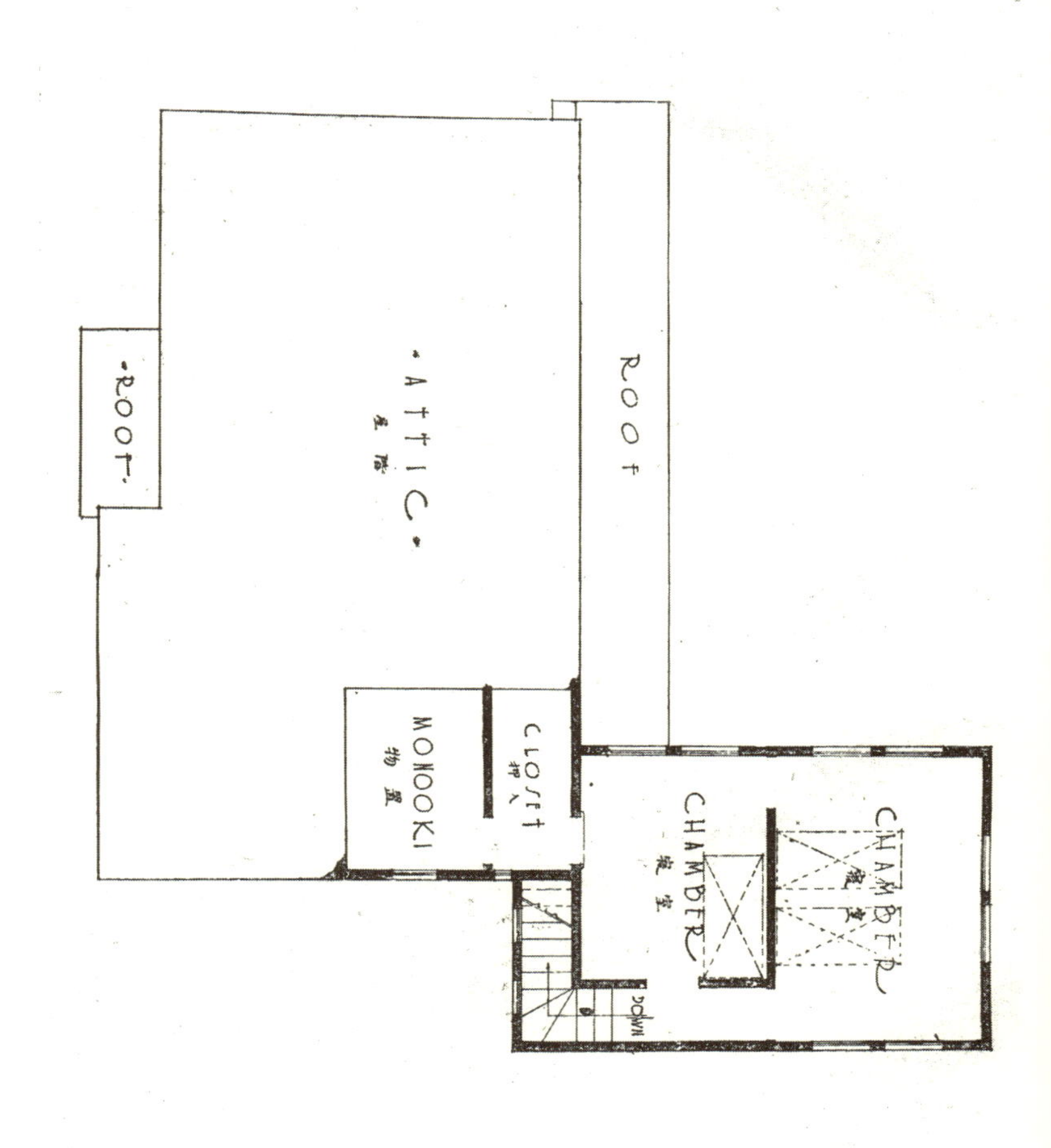

古家より改造されたる一住宅（その三）

裏に別の塀で物干しを拵えた。東北の隅の邪魔する四畳半を取ってしまったので日光がよく入る。今度表玄関を見るとちょうど家の真中所(まんなかどころ)につけて、土間は人造石の床(ゆか)を作り、そこに下駄靴外套などの押入れがあり、上がると一間四角の板張りがあって、そこからリビングルームに直接入られる。入らないでまっすぐ進めば、二枚襖があって、一方は堅く付けて動かず、片一方を開けると三畳の女中部屋、押入れもある。戸を開けて縁側に出れば、庭に面して悪くない。またそこから台所に入る。もしお客様が来るならば、女中さんはぐるぐる回るでなしに、直接玄関に出る。時間の経済、運動の経済。お客さんは六畳の次の間より座敷の八畳に入る。押入れも十分にできた。釣床(つりどこ)は本床(ほんどこ)*になり、違棚(ちがいだな)までできました。ところが、西洋館にした以上理想的の寝室が欲しい。屋根裏が空いている。そのずず黒い汚い所を改造して、二階の形にのばした。ここだけはむしろ新しい建築と言った方がいいでしょう。食堂から段梯子を上がる。階段の一方に窓をつける。明るい。それから気持ちのよい廊下がある。正面に大きな寝室、東南北どちらからでも風がうまく入る。一方直接廊下から、あるいはこの部屋と連絡のできる所に、今一つの

*本式の床の間のこと。床柱、違棚など装飾用の部材一式を設ける。

寝室があります。そこに大きな押入れができておる。ところでここに、古い家の天井上と屋根裏に大きな物置きが儲かりました。

これで立派な、便利のいい家ができました。本当に驚きました。あの家はおそらく百年前にできた家、その間いろいろの人が交わる交わる我慢した。そして少し直せば何でもなく理想的の家ができたはずだのに、みんな知らん顔して使っていたんです。もしこの家に何にもしなかったならば、壊してしまったでしょう。しかし形がだいぶ変わったのですが、わずかな頭の使い工合で、同じ面積、同じ壁、同じ高さ、同じ屋根で、古いそのままに、理想的とは言われないでも、これぐらい便利な家ができるのです。それが建築の特徴です。しかも経済的に考えてみると、前の計画した西洋館の新築より三分の一ばかり大きなものができて、その上、初の見積もりには地面の問題が含まれていなかったのに、今度は地面が只(ただ)で貰われた勘定になりました。ですから修繕の問題は、経済の方面から、生活上便利の上から、ごく大事なことであって、どんなに古い家が手に入っても、これをことごとく売ってしまうということは賢くない。その間には家族や親類の勧告、友達の忠告など難しいことがありましょうけれども、よく考えて、できるだけよく修繕してそのまま使うということにすれば、いかに喧しい昔の頭の人でも許してくれるだろうと思いますから、古い不便なものを我慢して使う必要もなければ、売ってしまうにも及ばない。そしてただに古い日本の建築のみならず、この頃のいわゆる西洋館、日本家でもなければ西洋館でもない不便な家でも十分に修繕ができますから、出来るだけ無駄のないように修繕を利用したいと思います。

　別々の家についてはこのぐらいにして、こんどは東京、大阪などの大都市に最も適当なアパートメントハウスの問題をもう少し申し上げておきましょう。紐育（ニューヨーク）あたりでは、普通の家に住む人とアパートメントハウスに住む人とを比べますならば、何十倍というほどアパートメントハウスにおる人の方が多いでしょう。従って同じ家に五十六十の家族が住むということはあたりまえで、むこうではもちろんエレベーターを使って、三階四階はおろか十何階という高いものを造り、その一階ごとに、四つ五つないしは十ぐらいの家族が生活しているのです。それでは窮屈ではないか、そんな狭い場所で理想的な生活ができるか、と、今まで別々の家に住みなれた日本の人達はたいがい疑いますが、日本にはまだ実際に適当なアパートメントハウスがないのですから、疑うのも無理はないです。けれども、そこに合わせて理想的な設備を施すならば、狭いとも思わなければ、窮屈な感じをもつことなしに、むしろこの方が便利だと思うぐらいに生活することが出来る。のみならず、これから地面はだんだん高くなり、高くて手に入れることができなくなって別々の家に住むとなれば勢い遠い郊外に出なければならず、それがためには毎朝毎晩電車なり汽車なりで、三四十分ならまだよい方、一時間もそれ以上も通わなければならぬので、交通費及び時間の上に多大の負担と損害を被る（こうむ）ことになりますから、どうしても将来においては、アパートメントハウスの必要が具体的の問題となるに違いありません。そこで一四九〜一五一頁のアパートメントハウスを説明しますに当たっては、当然内部の設備ということに主として触れて行かなければなりませんから、あらかじめその心算（つもり）で聴いて頂きたいと思います。

この図面は、現在品川の向こうの大森に建築中のもので、玄関から九段下がると正面に三間に六間の大きい部屋があります。この部室は、このアパートメントハウスに住む人々の一般的に使う社交室の如きものです。そのそばに帽子、コート掛け、また男女別々の便所の設備があります。特別の食事の準備も出来るように台所も備えてあります。

パブリックホールにエレベーターがありますが、わずか三階建てですから、毎日の出入りには、いちいちこれに乗る必要はありません。けれども、家具、殊に大きな寝台、大きな簞笥、そういうものは重いばかりでなく、持ち運びする際に品物のみならず、壁も階段も傷だらけになりますから、そのためにこのエレベーターの設備をしますならば、安全に、そして楽に部屋へ運ばれる。

地下室には右の設備以外に、番人の家族のために小さなアパートメントを始めとし、一般の洗濯場——乾燥室その他の現代式設備を施したもの——各アパートメント用物置き、女中浴場及び暖房室等が設けられています。二階へ上がる。家族の住宅です。真中に廊下。それを通ってまっすぐ行くならば、リビングルームの入口がある。入ると普通の家の居間と少しも変わらぬ設備があって、十四尺に二十尺の立派な部屋で、一方の真中にファイアプレース

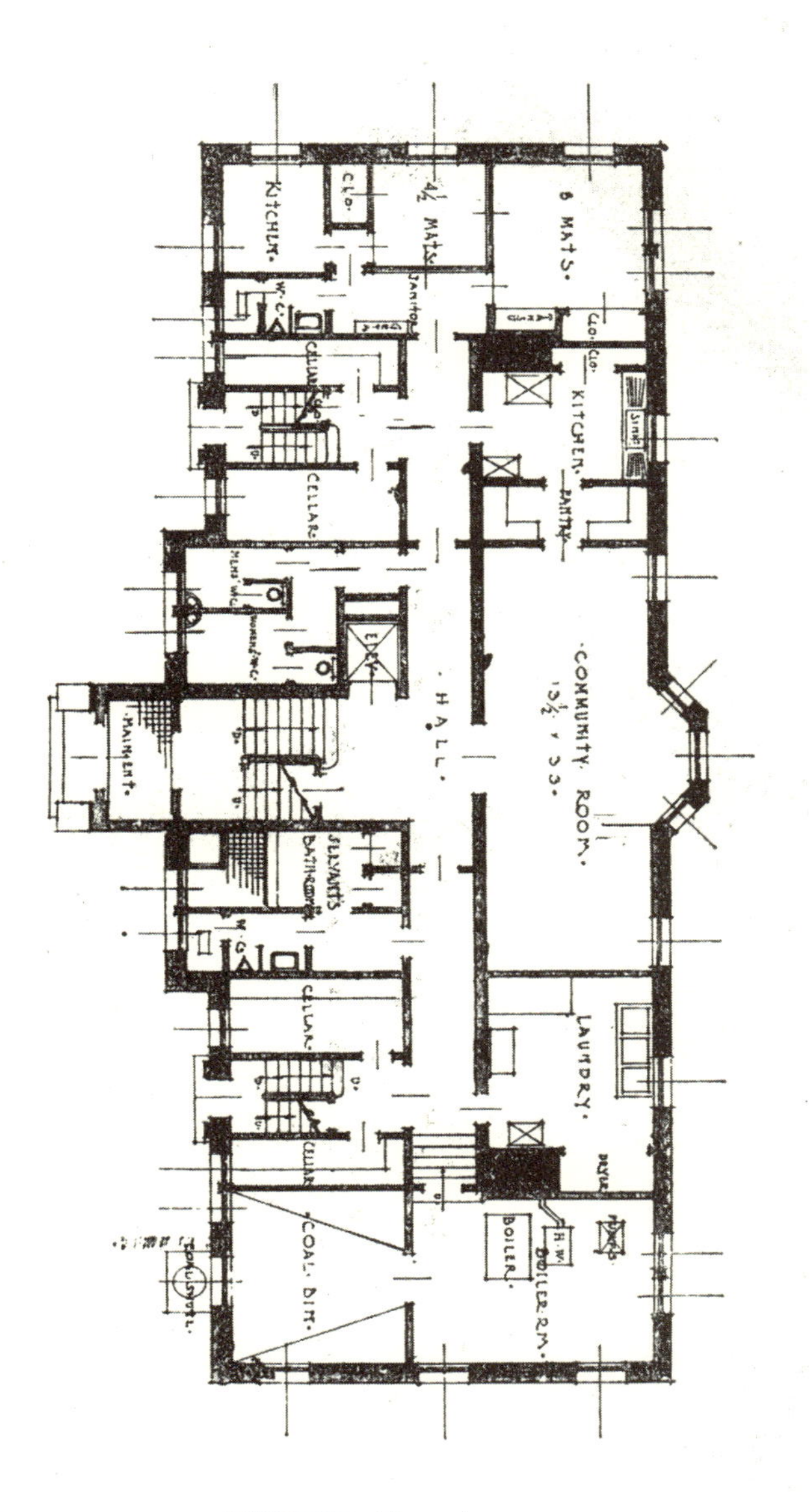

大森アパートメントハウス地階平面図（その一）

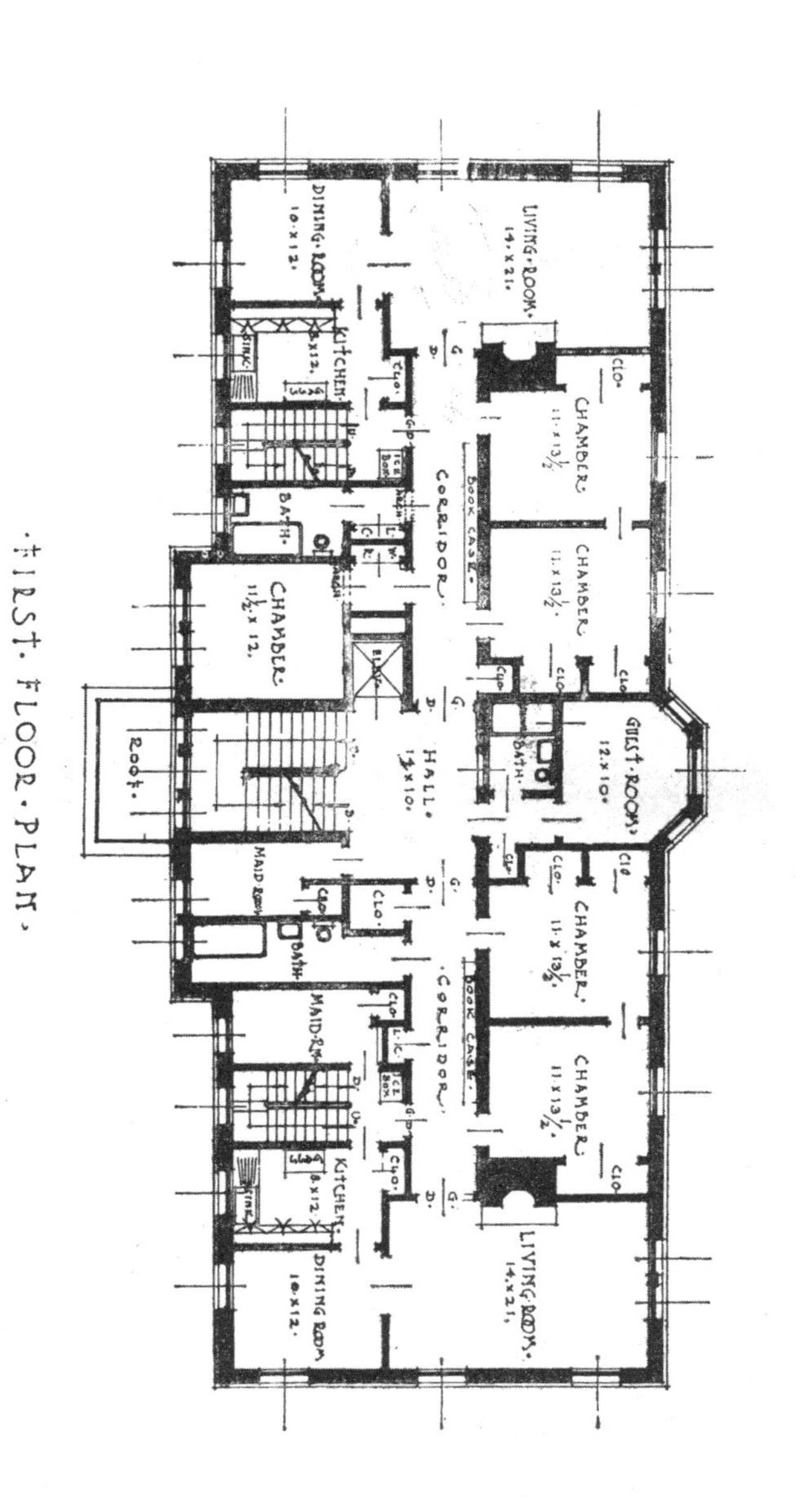

アパートメントハウス第一階及び第二階平面図（その二）

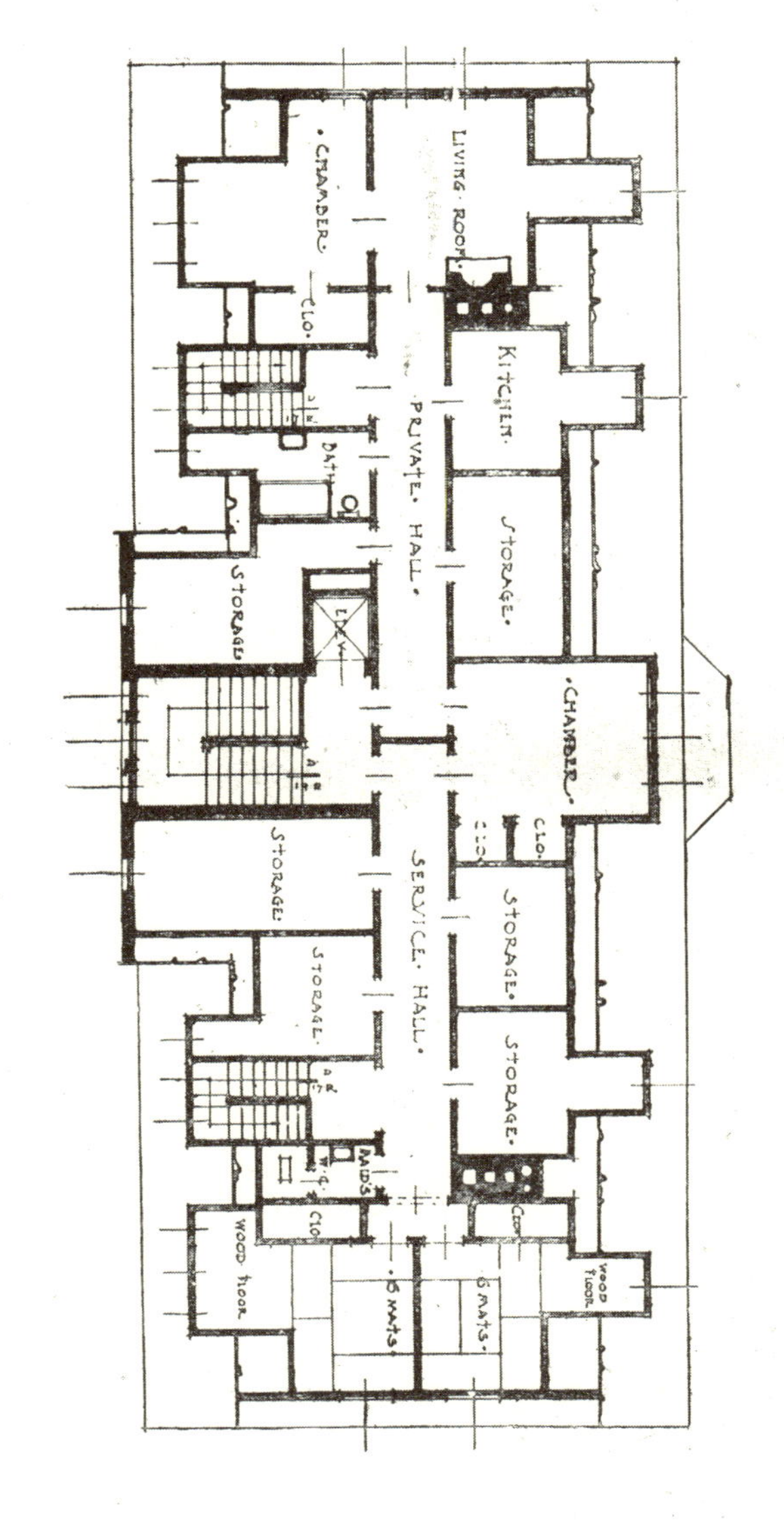

アパートメントハウス第三階平面図（その三）

(Fireplace) がある。東と南側に窓があって、ちょうどここは、大森の山手ですから、海も見えて景色が非常にいいし、風通しも申し分なしです。前にも言いました通り、食堂とか寝室というようなものは、健康上その他便利の点から差し支えなく出来ていればその位置及び形等はかまいませんが、リビングルームは出来るだけ心持ちよく造るためにその形、あるいはプロポーション (Proportion) 等を考える必要があります。南の中心に、二枚の大きな硝子窓をつけました。ちょうどこれに対して食堂の入口が北側の中心にあるために、プロポーションが取れております。そしてこの居間の入口と差し向かいの東側に窓があって外から見ますと、家全体の中心になっています。食堂は十尺に十一尺で、かなり小さいですが、真中に円い四尺五寸ぐらいのテーブルを置けば、四五人ぐらいの家族の食事はゆっくりできますからそれ以上はいらないです。やはり一坪いくらで無駄な金を使うより、家族の数によって、ミニマムに造ります。食堂の隣に台所があります。前の理想的台所は十尺に十二尺でしたが、これは八尺六寸幅の十一尺で、九尺二間の家の台所よりは少し広い。むろんこれで十分御馳走の御仕度ができます。そんなら、台所の買物あるいは汚い捨てるものはどうするかというに、その脇に裏階段があって、この階段を下へ降りますと、そこに商人の入口があります。階段も、踊り場も人造石ですからそこの冷蔵庫の氷の出し入れに水がこぼれても少しも差し支えない。ほとんど外庭と同じことです。

冷蔵庫の下からパイプが引いてあって水は自然に下水に流れてしまう。台所では瓦斯（ガス）ストーヴを使いますから石炭及び灰の始末の面倒はありません。台所の屑物その他普通の塵捨箱に入るべきもののために、地下室に焼却機の設備があります。台所には瓦斯（ガス）ストーヴの外に、各種の戸棚があって、これに鍋とかそういう物を入れる。真中の戸棚は食堂と台所と両方から使うようになっておる。食堂側にはガラス戸、台所側には板戸がついております。その脇に流しがあって、お茶碗、お皿のようなものを洗いましたならば、すぐその戸棚に入れて、必要の時には、食堂の方から出せます。あっちこっち回る必要はない。この戸棚のそばに御馳走の材料を入れる戸棚があります。これで、生活に必要なだけの設備が出来ました。寝室へ行きましょう。ベッドが二つ、大きな押入れが二つ、その他お湯や水の出る洗面所の設備、この部屋は主人夫婦の寝室です。その隣に子供室と連絡の戸があり、廊下の向こう側にお風呂場があります。その脇に小さな戸棚がある。シーツ、タオル、毛布そういうものの置き場です。この外にもう一つの寝室があって、お湯や水の出る設備もついておる。これが客室です。けれども都合によっては子供室として使えます。なぜならば、子供の小さなときは親の監督の行き届く場所が必要ですが、少し大きくなれば離れていた方がかえっていいです。それからこのアパートメントハウスにも一つの特徴があります。パブリックホールからまっすぐに入りますと、ここに南向きの部屋があります。小さいけれど十分の設備がしてあって。一方に押入れ他方にお風呂場がある。これもやはり客間です。が、これはどの家族にも属しないで、このアパートメントハウスにおる人達全体のものです。例えば、一つの家族の所へ急にお客が見えた、寝室はもういっぱいである、どうしようか、非常に困る。そのときにこの部屋を借りることができる。これは二階の図面ですが、三階にもこれと同じなのが、一つありますから、いつお客様が見えてもなんら差し支えないし、お客様としても、この立派な南向きの部屋に、心おき無く独立生活ができるようになっております。そんならお客様のないときにはどうするか。いつでも開け放ちにして捨てておくのは、じきに不経済という問題になりますが、決してそうではなく、ここに新しい設備を入れます。それは例の長椅子で、ちょっとひっくり返すならば立派な寝台になる。この設備をしておけば、ここを平常は応接間に使うことができる。つまりこの応接間は、この家におるどの家族でも使うことのできるもので、空いておる際にはお客様をここへ通して話すこともでき、また奥様のお客様が居間の方へ来ていたとき、旦那様は自分のお客のためにこの部屋を使えます。

四　アパートメントハウス（その一）

こういう設備の整った家ならば、なんら窮屈も感じないで、便利な生活のできることはもうお解りでしょうと思いますが、一七八〜一八二頁にもう一つ、青山一丁目の中山家跡に建築をする文化アパートメントハウスの図面があります。これは大森のものよりだいぶ大きくて、三階建てではあるけれど、地下室も使いますし、屋根裏も使いますから、結局五階建てということになります。

但し一階は二家族だけで、二階にはまた六つだけ別のものがあります。部屋は大体において前のと大差ありませんが、まず廊下から入りますならば、寝室が三つあり、お風呂押入れが皆ついておる。リビングルーム及び台所は、前のより少し大きいですが、中の設備は大して変わりません。裏の階段の所に、やはり冷蔵庫があり、同じ階段で、この台所とこの隣の台所と両方が使います。これは大きい家族のためですが、こちらに小さな家族のアパートメントもできていて、リビングルームが一つ、寝室が一つ、押入れが二つ、お風呂場一つ。そして台所はかなり大きくて、この隅にテーブルと椅子をならべて、つまり食堂と台所が一緒です。これは普通のやり方にはめったにないものですが、設備によっては少しも差し支えない。殊に瓦斯(ガス)あるいは電気ストーヴを使いますならば決して汚いという考えは起こらない。小さい家ではむろん女中を使うはずはないし、奥さんは自分で仕事をする。食堂台所が一緒で誰もいやな気にならない。あるいはお客さんに御馳走を出すときには、

大阪市内の一住宅　居間

同上　書斎　†

大阪市内の一住宅　浴室

同上　サンポーチ　†

東京市内の一住宅　寝室　†

大阪市内の一住宅　食堂　†

神戸郊外の一住宅　応接間　†

同上　食堂

東京市内の一住宅　サンポーチ　†

同上　食堂　†

神戸郊外の一住宅　台所

同上　配膳室

東京市外の一住宅　居間　†

同上　玄関広間　†

リビングルームにテーブル椅子をならべて、これを食堂の代わりにしてもいいが、ここにこのアパートメントの特徴は地面の傾斜のために地下室はほとんど一階の如く、二つのアパートメントは二階のような訳になります。一階にはこの二つのアパートメントの外に広い一般の食堂があります。もし不意にお客さんが来て、食事を差し上げなければならぬが、御飯が三人前しかないというようなとき、何にも困ることはなく、段梯子をとんとん降りてこの食堂へお客様を案内する。この外に別々の寝室がたくさんあって、一月泊りで見物に見えたというようなお客様も、この一般食堂をお使いになる事が出来ます。なおついでながら、これらの寝室のためにお風呂場も、お湯や水の自由に出る洗面器もついているから、少しも不自由はない。このアパートメントハウスには表玄関は二つあります。そこに階段があります。商人の入口は三つあって、そこに裏階段があります。ですから都合五つの出入口ができる訳で、これならば相当たくさんの人が歩いても混雑しない。エレベーターは、大森の方のはわずか三階だけですから二つつける必要はないですが、こちらは玄関二つで、五階建ての訳になりますし、部屋も多いですから、重い荷物の出入りも頻繁なために、二つある。このアパートメントの大事な特徴が一つあります。それは捨てるものの処置方法です。前のものは、各台所の捨て物は階段を通って地下室に持って行く必要があったが、この方は、四階五階に住む人が、台所の捨てるものやいろいろの汚いものを、いちいち下へ持って出なければならんと非常に困る。そこで煙突が三ヶ所ついていて、その煙突の横腹に大きな口をあけて、そこに鉄の蓋がしてありますから、食物の屑でも紙屑でも缶詰めの空き殻でも、その蓋を開いて煙突の中になげ込む。するとそれが皆まっすぐに地下室へ落ちて行く。この煙突の横孔（よこあな）は各階ごとにできておりますから、このアパートメントの全部の捨てるものが、地下室の煙突の底にたくさんたまる。そして一定の時間が来て、他の仕事の邪魔でないときに、このアパートメント全体のための小使（こづかい）*が下から火を焚きつける。そうすれば、どんなにたくさんの塵埃も、何時間かのうちにみんな綺麗に焼けてしまって、缶詰めの鉄力（ブリキ）みたいなものだけ残りますから、それは朝かいつか煙突の冷たくなったときに取り去る。それればかりではありません。アパートメントにおれば、一軒一軒暖房の火を焚く必要がない。お湯はいつ

*用務員のこと。

でも地下室から来るのです。もう一つ地下室に洗濯場の設備があって、これは二種類になっており、一つはきまった日にそこへ行って、自分自分で洗濯するけれどもたいていは、そこに洗濯する人がおって、洗濯物があればその人に頼む。すると普通の洗濯屋よりも廉い値で洗濯して貰うことができる。ところがもしここに干し場がないならば、二十ほども家族のおるここの洗濯物は、毎日すこぶるたくさんに上るでしょうから、お天気のよい日には、あっちの窓もこっちの窓も、洗濯物の幟でいっぱいになって大変みっともない。ですから、やはり地下室の中に完全な乾燥場をつくって、雨続きだから三日経ってもまだ乾かないとか、そのうちに黴がついたとかいうことなしに、仕事も早くしかも立派に乾燥させる設備があるのです。さあこうなれば、自分の家に住むよりも、この方がどれだけ便利か知れないでしょう。だから少なくとも東京、大阪みたいな都会においては、将来の住宅はどうしてもアパートメントハウスになると思うのです。

五　アパートメントハウス、附　天井のこと（その二）

今度はもう少し細かい所を調べましょう。住宅を建てる計画をたてて、建築技師と何遍も相談したり、議論したり喧嘩したりした結果、ようやく満足する設計（プラン）ができる。すると実地建築の問題が起きて、一体どのぐらいの高さにしたらいいか、天井の高さをどうしようかと迷って来る。昔の人は、天井は高いほど立派と思いました。今でも三四十年も前の高い家が遺（のこ）っておって、しかも西洋館だと称するものの中には、その広さよりも、床（ゆか）から天井までの方がかえって高過ぎるのがある。ある人の言うところによると、昔の技師は予言者であったらしく、将来たぶん飛行機のできることを予言した。そこで将来子供が家の中で飛行機の稽古の出来るように、こんなに天井が高くなった。ほんとかどうか知らんけれど、まずそうらしい高い天井が方々にあります。ところが今日、天井は低いほどいいと考えています。これは経済の問題から、建築費が廉（やす）く上がるばかりでなく、暖房の方からみても、温かい空気は上にあがる。そしてだんだん下の方まで温かみが回るまでには、天井の高さと反比例で朝から一生懸命にストーヴを焚いてお昼過ぎてもまだ暖まらない。床の方には子供が遊んでおる。殊に赤ちゃんは床の上で遊ぶ。もしさかさまに天井で遊ぶことができれば結構、飛行機で天井を飛んでおればそれも結構ですが、そう出来ない以上は、早く温かい所に住みたいから、やはり天井はいくぶん低くなる訳です。官公署あるいは事務所の高い天井は立派ですけれども、吾々が自分の家に入るときどういう気持ちが起こるか。裁判所、銀行、そんな冷たい感じは起こりません。やはり自分の家らしく、あたたかい気持ち、春のような感じが味わいたい。すれば、高い天井は必要もなければ、また損です。窓掛けにしても、天井が高ければ窓も高くなり、従って二ヤードで済むものを三ヤードの窓掛けとしなければならず、二つ三つの窓があるなら、二ヤードの無駄ができ、幾ヤード使っても構わんとしたところが、細長い窓では恰好が悪い。殊におかしいのは額です。五百円千円と出した額も、額そのものは立派ですが、天井の高い部屋にちょこなんと掛かって、上から一間も下にぶら下がっては、調和どころかすこぶる淋しく感ずる。そこで耐らなくなって隣近所に安っぽい写真を二つも三つもかける。ますますいけない。大事な額までだいなしです。とにかくああいうものは、一部屋に一つ、大きい部屋なれば二つぐらいかけるのが適当で、その際天井が高過ぎると部屋の調和が破れてしまいます。というと、夏涼しいように高くしたいというでしょうが、それについては窓の問題で、窓を十分開けるならば始終空気が通る。煽風器があればなお差し支えない。涼しいための高い天井というのは間違いです。たとえ間違わぬとしても夏期二月三月のことよりも、一年中の問題を考えなくてはならぬ。二階へ上がるとき、天井を高くするならば、山へ登ると同じこと、子供達は一日十遍十五遍の上がり下りは運動になりましょうが、忙しい今日、吾々は一二遍でも能率に関係します。また段梯子のために大事な場所を大きく取られてしまう。それが吝しくて急な段梯子を造れば、それこそ窮屈を通り越して危険を伴って来る。いずれにしても天井の高いのは無意味です。

六　階段

天井に続いて問題になるものは階段です。そのことについては前にも少し話しましたが、階段はむろん明るくしなければならん。そしてゆっくり上がるようにしなければならんですが、もう一つ注意すべきことは、これは確か日本の建築規則だったと思いますが、階段が十五尺以上になるときは、十五尺もしくはそれ以内でそこにおどり場をつけなければ許されない。この規則は、ちょっと考えるとずいぶん窮屈で、時々困らされますけれども、しかしこれには理屈があって、長い段梯子を上がるならば、身体のために悪いばかりか、いくぶんか危険が伴う。例えば、火事か地震でもあると、大勢の人が慌てて駈け出す。もしやり損なうと、これらの人が一遍に下まで落ちてしまうから、死んだり怪我したりという騒ぎが起こるのです。おどり場があればおどり場はたいてい真中か、真中より少し上位につけますから、子供などが足を踏み脱したとしても、おどり場の所で止まって怪我が少ない。

ところが今度は場所が狭いとか、その他の都合によって、階段の曲がるところが出来るのですが、これはだいぶ問題になる。

日本にはこれに関する規則は今まで無かったらしく、わずか三四尺ぐらいの四角い場所に、五つも六つも段を取った所が方々で見受けられます。このほどもあるホテルに泊まりましたら、やはりたくさんの段が取って、そして内側の方に、鉄の棒で欄干(てすり)みたいなのが造ってあった。ここは一間幅の立派な階段でしたけれど、その曲がるところまで行くと、この角にあまりにたくさん段をつけたために、外側の方は歩けても、内側の方は非常に狭くて足を入れることができない。つまり実用になる所は外側の半分しかない訳で、それが非常に醜いばかりでなく、もしこの狭い方に足を入れて踏み脱(はず)したら大変ですから、大勢の人が昇り降りの場合には、両手でこの欄干(てすり)につかまって助かる人もあるという考えでしょう。しかしそんな階段は全く駄目です。断然止めるがいいです。ここで心得ておいて頂きたいことは、もし普通の住宅の階段ならば、たいてい三尺から五尺ぐらいの幅ですから、その曲がるところは多くても三つの踏段、それ以上はどうしても無理です。三つの段なれば三尺の段梯子とするとたいてい一人の上がり下りですから、真中の幅があまり変わらないで、さほど窮屈でありませんけれど、四つになると、一つの間違いで大変な相違を来し、狭いばかりでなく危険になります。それから時々こういう階段をつけます。下から上がってここで一回りずっと「回れ右」をして、やっと二階の方へ上がる。これはすこぶる窮屈です。まあいろいろの都合で裏階段にだけなら許されもしましょう。

けれども、本階段には決してこれを許しません。と同時に、三つぐらいならば差し支えないとは言えそれも好ましくありませんから、その時一番都合のいいのは前のおどり場です。ほとんど全体使わない階段ならば、五つに分けようと十にしようと、勝手ですけれど、少なくとも二階を寝室や子供室やその他実用向きにするならば、できるだけここにおどり場を欲しいです。小さい四角のおどり場、そうすると子供が過って落ちても、おどり場に止まって怪我も何にもない。

次にファイアプレースのことですが、これは西洋館ですと方々につけてあるけれど、少なくともリビングルームには付き物です。アパートメントには暖房の設備があるからその必要はないと考えたら間違いで、西洋の居間におけるファイアプレースは、日本のお座敷における床の間と同じく、一年に三四回しか焚かないでも、これがなくてはその家の釣り合いがとれない、何か物足りない感じがします。のみならず、暖房の故障のあったとき、あるいは春とか秋の寒くないときは暖房を焚きませんから、もし急に寒さを感じたならファイアプレースを実際役立たせることができるのです。

ところがファイアプレースに問題があります。もし造り方が拙いならば、かえって無い方がましです。飾りのためなら別ですが、一年に一遍焚いても部屋中煙でいっぱい、田舎の囲炉裡よりまだ悪い。だから煙突の寸法がきまりましたら、内部の造り方に注意しなければならん。一体煙の上に出るのはどういう訳ですか。ある請負師がここに焚口を拵えた。彼は煙が上へまっすぐに出るものと心得ていた。ところがいざ実際焚いてみると、煙がどんどん部屋の方へ出て、煙突の風に煽られて、火の粉も灰も部屋へふき出したという話がある。けれども、理屈が解っておれば何も難しいことはない。図〔一八三頁〕の通り焚口がある。煙がそこから上へのぼる。するとその上に棚ができておる。煙突の上から風が入って来る。これもこの棚の所で止まる。そこで温かい煙の力によって、空気も一緒に混じって上へ出る。ただそれだけです。

七　煙突とファイアプレース

日本では煙突の造り方はまだ新しい事ですから、時々いろいろ間違いをして、私も今までたびたび頼まれて修繕した経験があります。そこで思い出すのはストーヴの煙突です。ちょっと見ると同じ一つの煙突から煙が出る。そこで同じ一口だと思ったら間違いで、ストーヴの方はまた全く別な煙口が要ります。つまり一つの焚口に対して一つの煙道が要ります。もっとも小さな鉄のストーヴがたくさんあるという場合には、その二つ三つを一つの煙道に集めて差し支えないですが、オープンファイアプレースなどはどうしても全く別な煙道が必要です。煙突について今一つ大切な事は掃除口です。煙道一つに対して必ず一つの掃除口が要ります。もし二つの煙道がただ一つの掃除口を持っていたら煙は逆上がりして焚口に帰って来ます。掃除口が各煙道に別々につけられないならば掃除口は断然つけぬがよろしい。

ファイアプレースには一つの飾りの意味があります。そこでこの前飾り――といっていいかどうか知りません――にはよほど考えが要ります。ある家の持ち主が、ある立派な家に行くと、非常に気の利いた前飾りがある。なるほどこれは自分の家にもなくてはならんものだと、帰って早速真似したところがすこぶるおかしなものになってしまった。そうでしょう。家はそれぞれスタイルが違う。従って内部の飾りもそれぞれそのスタイルに合わせなくてはならん。人の家の設備が調和よいからとて、それをそのまま持って来たんではかえって迷惑なものになる。スタイル、天井、その他の設備、すべての調和を計って前飾りをつけるということが大事です。この部屋（女子基督教青年会館*の社交室）は天井も何も日本の形ですからストーヴの飾りもごく簡単で、上の方に小さな袋戸棚があるだけです。それがあっさりして気持ちいいけれど、もしここに西洋の大きな棚をつけ、上に大きな鏡を置き、ぐるりにいろいろの飾りがあったなら、何か分からんけれどもこの部屋に邪魔するも

＊ＹＷＣＡ会館を指す。

のがあるというような、いやな感じを起こします。私はときどきこういうとんちんかんな、おかしな飾りの家を見ます。もしその間違った家に住む家族はどうでしょう。おかしいという感じよりも、飾りのためにかえって神経の悪い刺戟となります。私は考えます。飾りというものは、むろんそのスタイルについて適当なものを選ばなければならんけれど、できるだけ簡単な、できるだけしっかりしたものがいい飾りで、飾りくさいものほど、邪魔っけな、そして安っぽい感じがします。

煙突のことについてもう一口言うならば、屋根の棟より高いならば、問題ありません。しかし屋根のごく急な場合には、軒先に一本出し、それが棟より高ければ倒れる危険があります。その時は煙突の屋根に出た所から一間ぐらいの高さにしてその上に笠をかぶせます。それから笠の向きですが、これも注意すべき事柄で、ある人は、雨の降るとき煙突の中に入らないための笠と思いました。こんな小さな穴から雨はたくさん入りません。また暴風雨のときなど入っても大した差し支えはないから笠は要りませんけれども、煙突の笠はそのためでなく、風を入れぬためです。だから、笠の口は棟と同じ向

文化アパートメントハウス（その一）

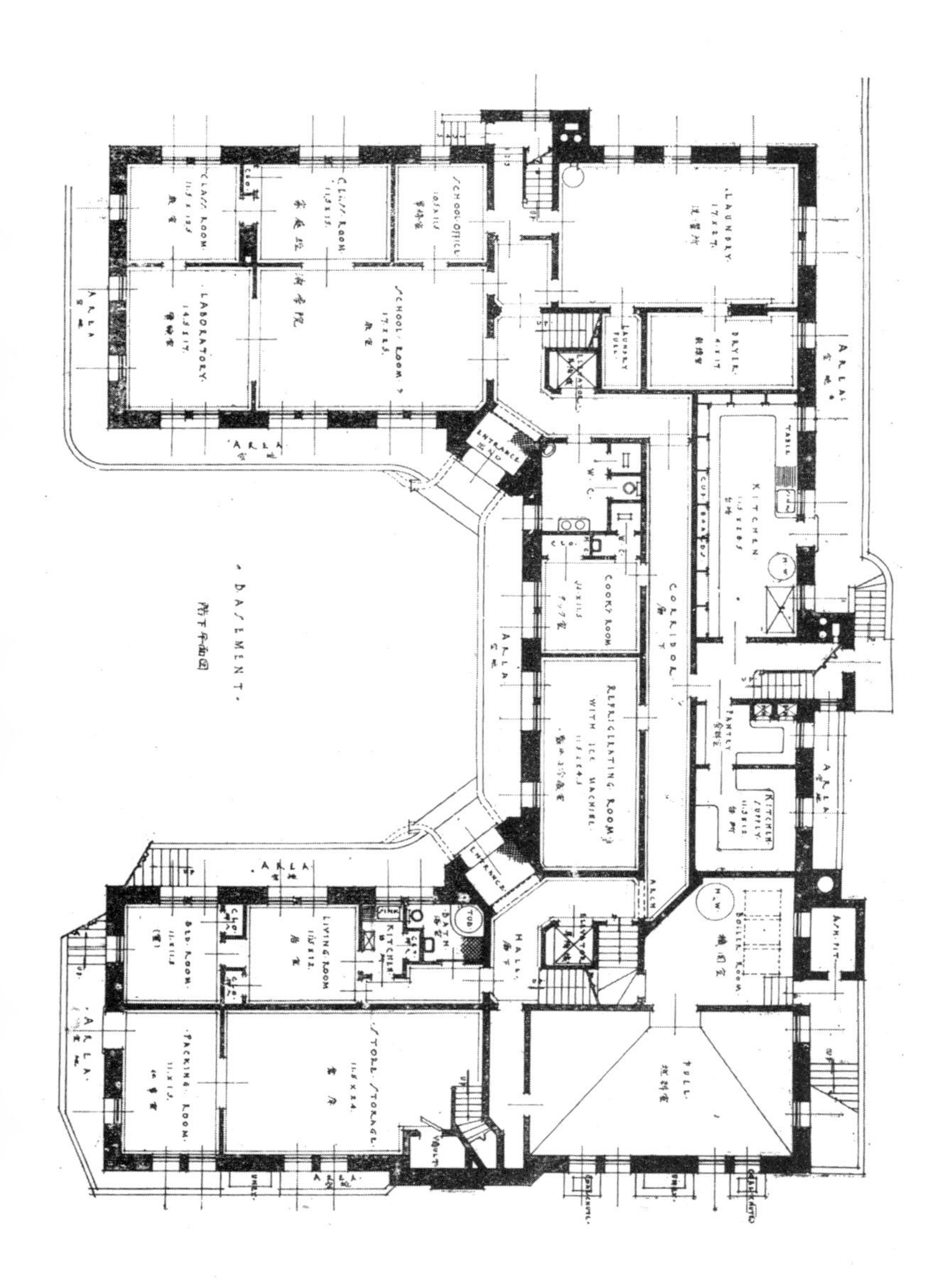

文化アパートメントハウス（その二）〔階下平面図〕

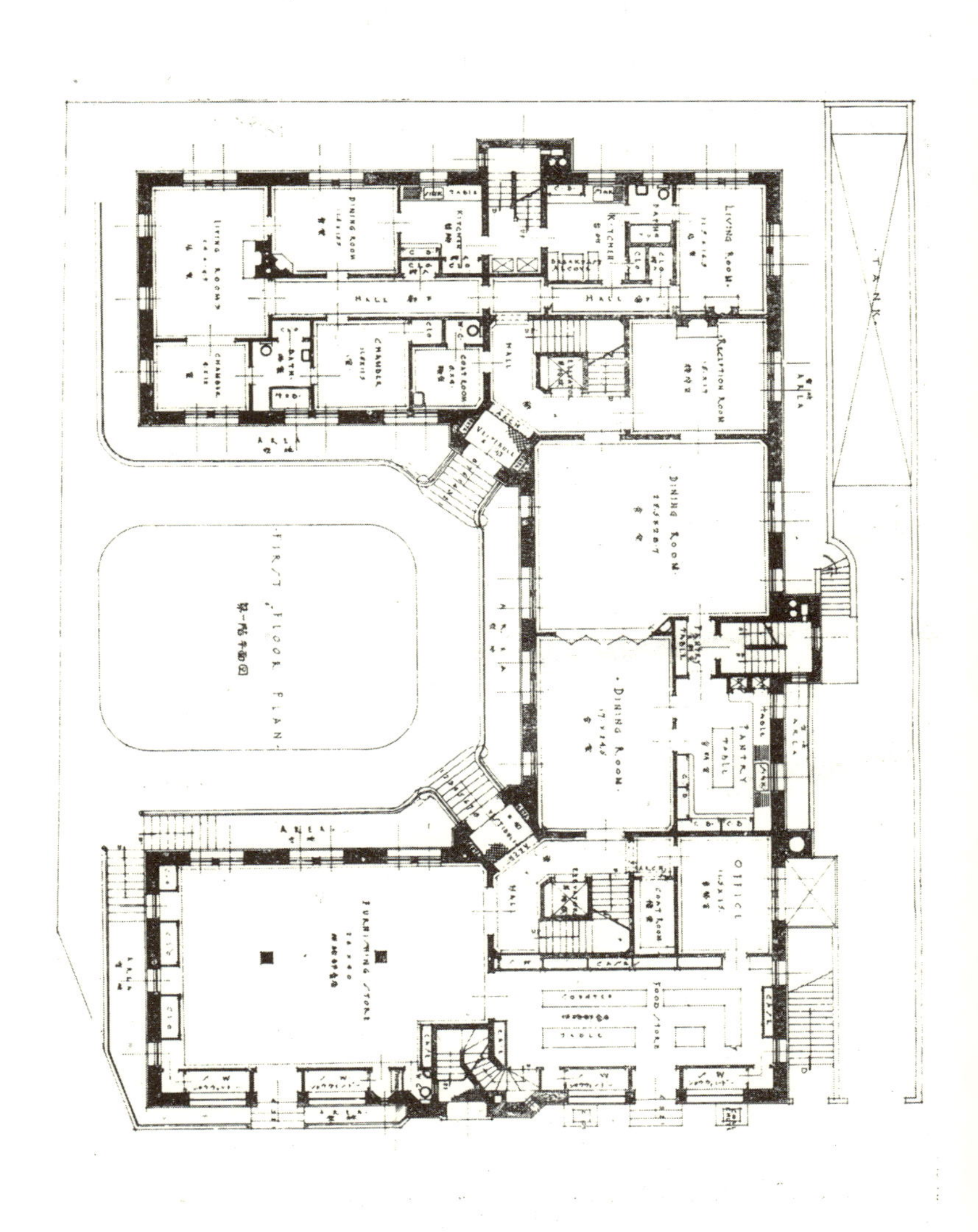

文化アパートメントハウス（その三）〔第一階平面図〕

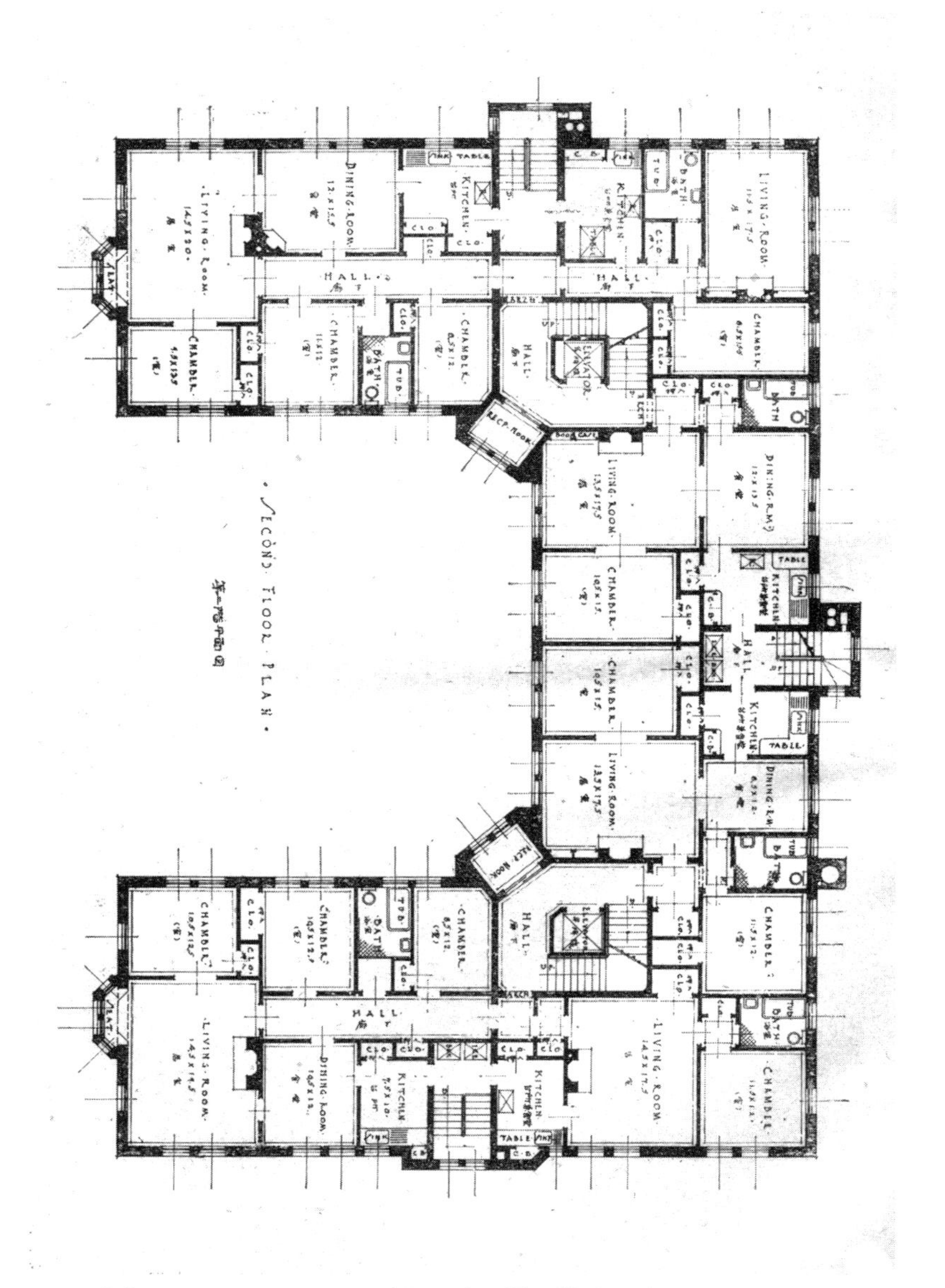

文化アパートメントハウス（その四）〔第二階平面図〕

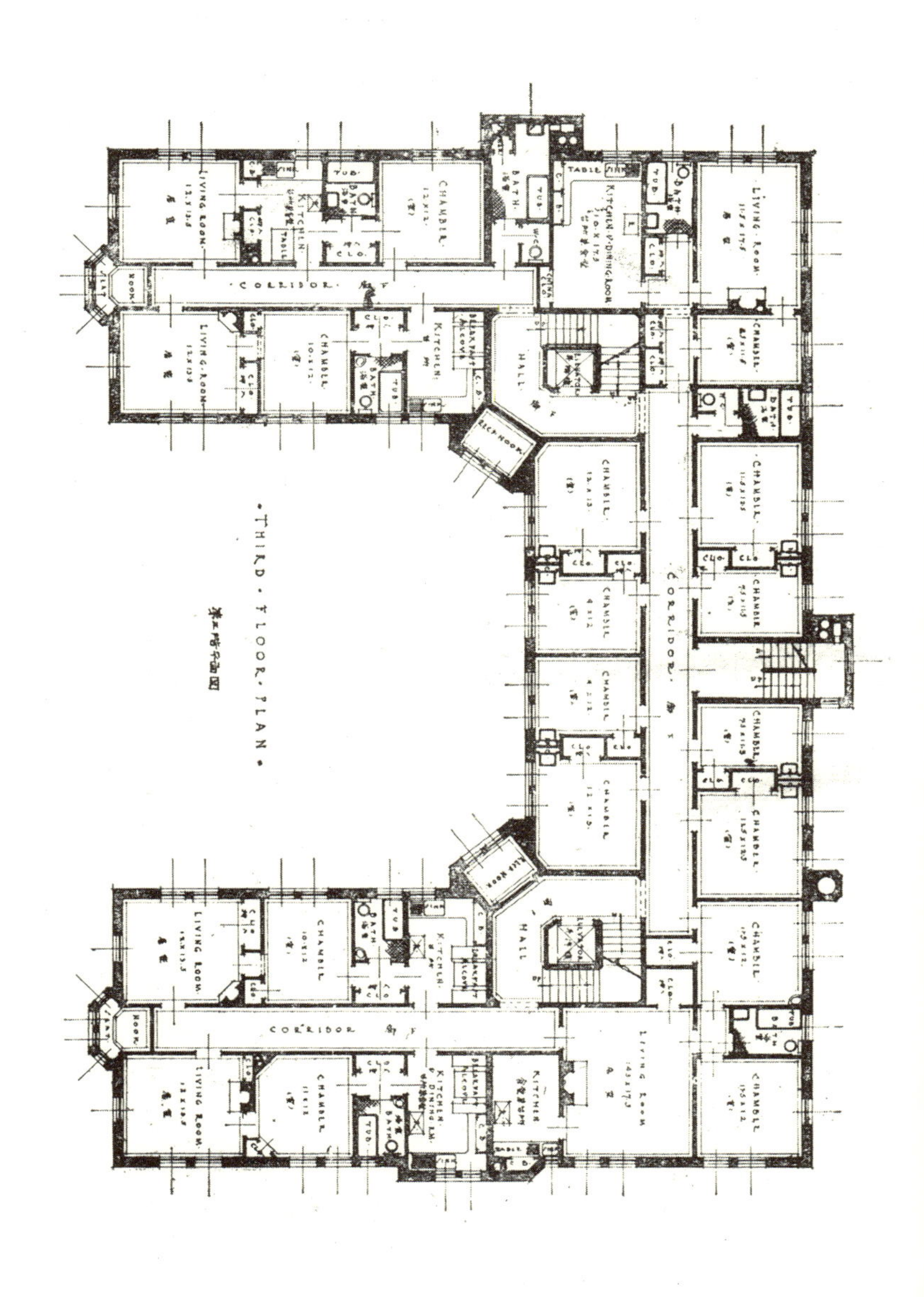

文化アパートメントハウス（その五）〔第三階平面図〕

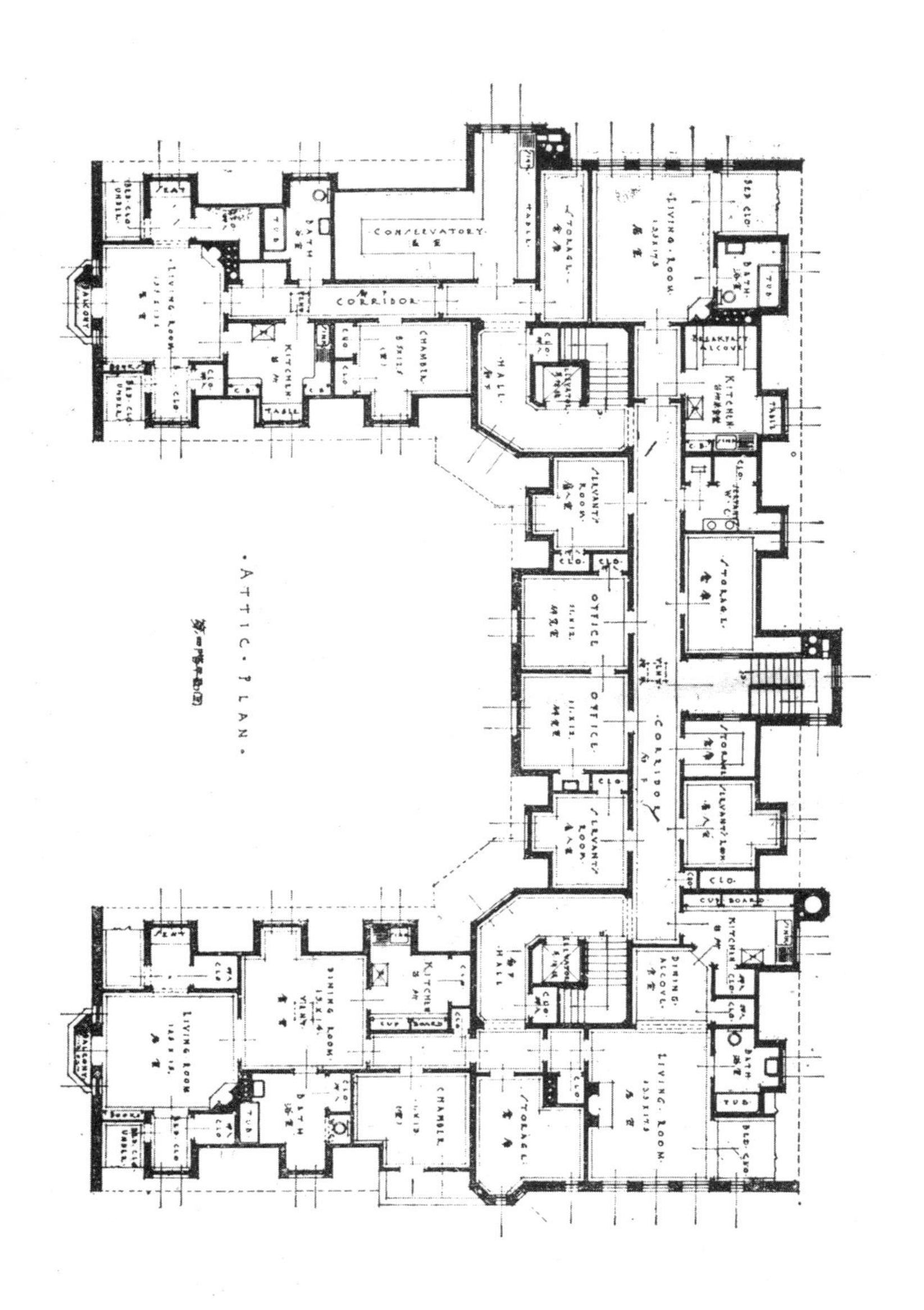

文化アパートメントハウス（その六）〔第四階平面図〕

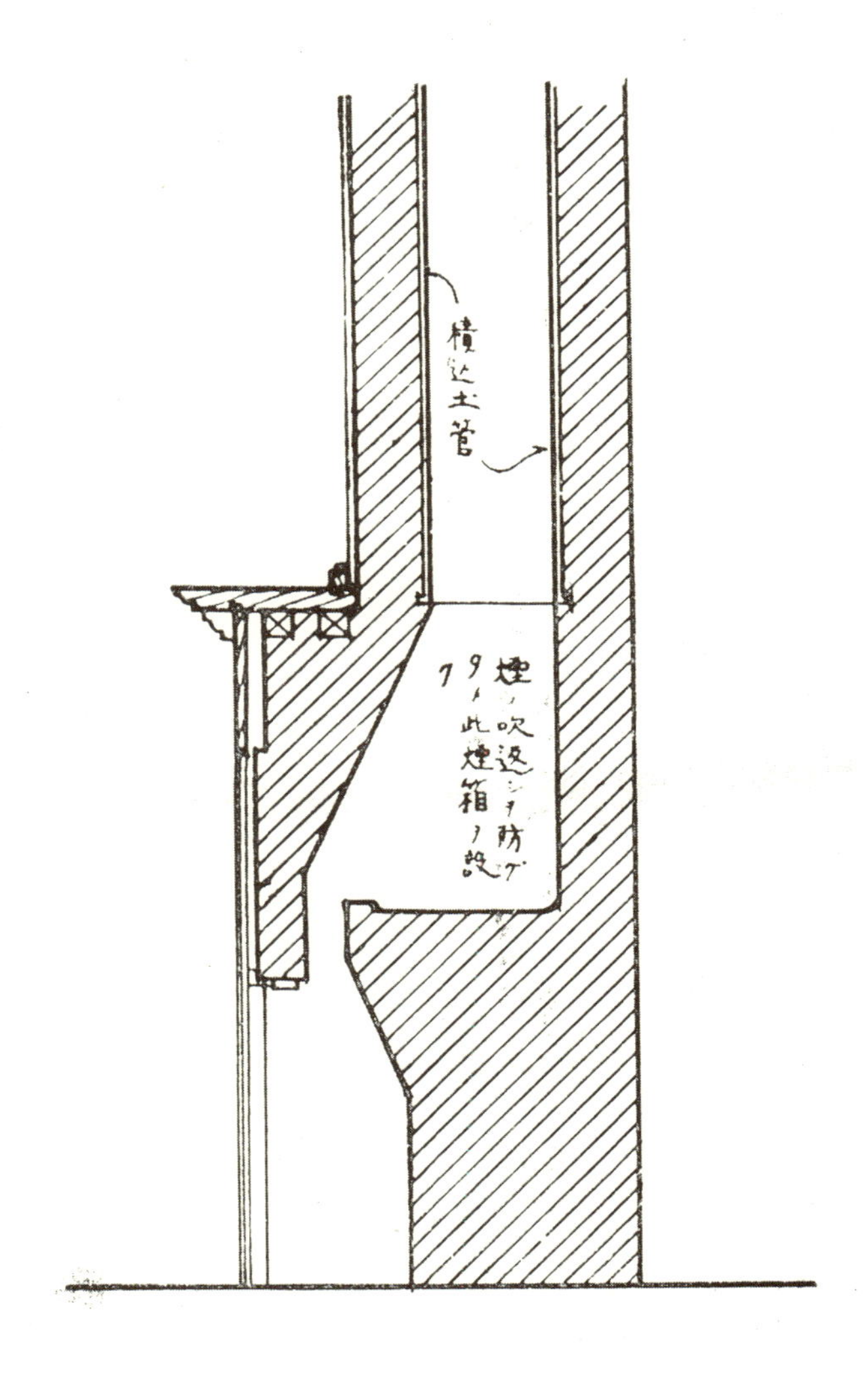

・暖爐切斷面・

きにする。もし反対ならばかえって無い方がよい。なぜなら風が吹いて屋根にかかり、ぐるっと吹き回って来るために、煙の出る邪魔になって、かえって家の中へ吹き込むようになります。棟と同じ向きなら、煙はむしろ吸い出されるように両端から出る。よほど大事なことです。

天井の高さは規則で七尺以上あればよろしい。部屋の大きさによっていくぶん変わります。けれどもこの頃の新しい西洋館の天井は、どんな大きな部屋でも九尺以上はありません。二階の寝室などは八尺から八尺五寸ぐらい。もっと低いのもあります。この間神戸の近所の夙川（しゅくがわ）という所で三軒建てましたが、下の天井が八尺で、二階は七尺だけでした。入ってみるとこの方が気持ちがいい。もちろんずいぶん経済です。

八　外形

高さがきまったら、外側の形をきめなければなりません。これは専門的問題ですから、実物を見る、写真を見る、技師に頼む。そしてどういう材料を使うか、煉瓦、鉄筋コンクリート、木造。今までの住宅ならば、煉瓦でなければ木造ときまっていました。小さい家なら木造で結構です。しかし木造にもいろいろ方法がありますから、相当研究するがいい。

そこで外側の壁をどうするか。板壁にするのと、左官屋さんのぶっつけ壁[*1]にする方法とある。この青年会館[*2]はぶっつけですが、お隣の家（東洋家政女学校）[*3]はこの壁ばかりでなく、板の所もあります。これを比べてみますと、初めでき上がったところは、板の上にペンキを塗りました。それは実に立派にできます。けれども、一年二年するとそんなに立派でなくなる。三年四年するとどうも汚くなる。五六年すればどうしても塗りかえなければならん。いやもっと早く塗りかえた方が、美術の方面からも経済のためにもいいです。ところが塗りかえるとなるとペンキ屋さんは長い梯子をもって来る、もしくはごく軽い足場を拵える。足場をつくるのに新築の足場だけの材料と手間がかかる。その間に、窓硝子を二つ三つ破る、あるいは窓枠その他方々に傷をつける。ようやく立派にできた。また二三年すると同じ問題が起きて、何遍も繰り返さなければならん。実に面倒です。初めからセメント壁にしておい

＊1　モルタルなどの材料を壁に掃き付けて凹凸を付けた左官仕上げの外壁。ドイツ壁とも言われる。
＊2　ＹＭＣＡ会館を指す。
＊3　幼児教育家の岸辺福雄が東洋幼稚園に併設して東京・神保町に創立した学校。

たなら、そして上等のものにしておいたら、最初は少し高く費(かか)りますけれども、十年立(ママ)っても二十年立(ママ)っても、外形が大して変わらない。塗りかえの問題も起こらないです。セメント壁の方が経済です。というとペンキやさんは抗議を申し込むかも知れん。しかし心配には及ばない。ペンキを使う所はまだたくさん残っておる。窓枠、窓框(まどかまち)、軒先、そういう木の出る所はペンキ屋さんの領分です。これは足場なしに、窓を開けて手を出して塗るから、二三年ごとに塗りかえればわずかな金でいつも新しい、いつも綺麗です。

　ところがまた問題が起こる。この間大阪の街(まち)を歩くと、二三年前にできたぶっつけ壁の家の壁が少しもついてない。みんな剝(む)けて落ちてしまって、そして汚い残り屑がくっ付いておる。二三年の間にこんな風ではペンキの家より高くなる。もうぶっつけ壁は御免蒙(こうむ)る。けれどもそれも大した問題はなく、理屈が分かったならばごく簡単に予防する事ができる。あんな請負師はこすい奴けしからん奴と思うのも間違いか知れん。あるいは上等の材料を使っておるかも知れんですから。しかしやり方の拙いのは仕方がない。たくさんの人夫を集めて拵えますから、誰でもよくあることですが、吾々男が麵麭(パン)を作る、上等の材料を買う、麺麭種（パンだね）も入れる。けれどもみんな滅茶苦茶に入れて、大きな匙（さじ）でまぜていいかげんにストーヴの中に入れるので、形の悪いはもちろん、焦げたり焼けなかったり失敗に終わる。その通り上等の材料でも、よく心得ない人達が、いいかげんなセメント壁をつくる。すなわちやり方が拙いから失敗するのです。普通の職人でも、上等の材料をきまった分量だけ正直に入れる。セメントと砂と、ある時は少しだけ石灰を入れる。こうすればセメント壁はコンクリートと同じです。しかし塗ってから、いいお天気になって、日光がまっすぐに当たる。早く乾燥して有り難いと思うならば、それは非常な間違いです。外側は直接日光にかかる、あるいは風にかかって、急に乾く。けれども中の方はゆっくりゆっくり乾く。そこで必ず亀裂（ひび）がきます。普通の日本壁でもそうでしょう。下の壁が乾いてからしないといっぱい亀裂（ひび）ができる。セメント壁も同じことです。すると雨の降るときそこから水が入る。冬なら入った水が凍って、壁はぽんと壊れて物にならない。だから上等の材料で、うまく混ぜて、正直に塗っても、その上に小さな注意が足らなかったら駄目です。そういうときには、足場の所に蓆（むしろ）やら菰（こも）やらをいっぱいいかけて、家が見えないように、従って直接日も射さず風もあたらないようにし、その上もしお天気で暖かいなら、一日に二三回如露（ジョーロ）のようなもので水をかけて、できるだけ乾燥をゆっくりさせるならば、亀裂（ひび）もできず、堅い堅い石のような壁ができて、二十年でも五十年でも変わりません。

要するに煉瓦もしくは鉄筋コンクリート建てにすればむろん結構ですが、経済的に小さな家を建てるならば、木造建てにしてセメント壁にするほどいい方法はないと思います。

家ができました。壁ができました。すると室内の設備が問題になります。なんぼ丈夫に建てても、なんぼ外側が立派にできても、ただ開け放ちでは、家ではあるが、まだホームではありません。設備によって初めてホームになります。まず中に入る。私のいつも感ずることは、玄関へ入ると一面に真白（まっしろ）く壁が塗ってある。急に胸を抑えられる。これは人間の住むべきところではない。冷たい。暖かい感じは全くない。どこか遠い世界へ行ったようです。感じはどうでもいいとして、毎日壁に手を触れる。手痕を残す。すぐ汚い壁になります。そんならどの色がいいか。それは好きずきです。もっとも予算の関係がありますから、高い壁は塗られないとすれば、真白にしておいて後から塗り直していい。幸いここに経済的な材料があります。名はアラバスチン*あるいはムレスコ*と云います。袋に入っておって、一つ二円ぐらいで、これをお湯に解いて使いますなら、どんな汚い壁でも全く新しく見違えるように、一袋で小さい一室ぐらいはいつでも、また素人でも結構塗り替えることができます。色は望み次第ありますから、冬は暖かい色を、夏は涼しい色を、一年二三円ぐらいで、何度も思う通り塗りかえられて、いつもいい心持ちになられます。

九　室内の設備

先にも述べました通り、少なくともリビングルームにはファイアプレースが要る。その前飾りも要る。他にはあってもなくてもいいが、少なくとも食堂にはサイドボードのような設備が要る。お皿やコップを入れる戸棚、あるいは簞笥みたいな、ナプキンやナイフにフォーク、匙などを入れる抽斗のつ

＊アラバスチン、ムレスコはいずれも輸入塗料の名称で、安価ながら落ち着いた風合いに仕上げることができた。

いたもの。それからテーブル。これらのものは、家を建てるときに、その家にあてはめて一緒に拵える。後で別々に拵えると、いろいろ変化ができ、適当なもの不適当なもの、便利不便利、ちっとも揃わないおかしなものになります。

食堂のテーブルは二尺四寸か五寸の高さです。ところがサイドボードの台は、これと同じ高さでは低過ぎます。何故なら、食堂でテーブルを使うときは椅子にかけるが、サイドボードを使うときは立ってするから、それだけの違いはできます。それでテーブルの高さを二尺四寸にすれば、サイドボードは二尺八寸あるいは三尺にする。ここに台所の問題も一緒に起こる。台所で働くテーブルは二尺四寸でいいでしょうか。椅子にしてもテーブルにしても、働くのと働かないのとではまるで違う。流しなどは、日本人ならば二尺七八寸ですが、西洋人ならば三尺あるいは三尺一寸です。理想的に言うならば、台所で働く人の高さに合わせて造らなければ無意味です。私はこの頃日本の家へ入って流しを見ました。流しが床(ゆか)から二尺、低い。使うときはしゃがんでやる。まっすぐに立とうとしてもちょっと立たれん。これではわざわざ苦しむようなものです。洗濯の設備もそうです。まっすぐに立って楽に仕事ができるようにする。西洋には洗濯桶*のできたものがあります。それを日本に持って来るのはちょっと重いですが、それでも便利でしょう。日本にもそれと同じような人造石で拵えることは出来るが、わざわざ造るとすれば高い。向こうから取り寄せるとすれば、機械で出来るから割合安いはずですが、税関の関係もあり、そして大きさによって違いますし、何しろ一二寸ぐらいの厚さの物でずいぶん重いから運賃がどうなるか分かりませんけれど、向こうで設備するときは比較的安い価段(ねだん)で、高さもちょうど便利なのができております。とにかく高さは注意しないと不便なものになります。

それから抽斗は、その深さによってきまるもので、私は先日ある有名なホテルに泊まりましたが、新しくできたばかりのあすこの部屋に、妙なことに抽斗が二十三もあって、しかもそのうち十七までは私の使う手紙のペーパーがうまく入らない。そんなに小さい抽斗は何のために造ったものか。ただ飾りのためなら、かえって邪魔で、あれだけ金を投じながら今日毎月欠損で泣いておるということですが、一つ二三円かかる抽斗を、二十三、それも十七

＊英語でランドリー・タブ(laundry tob)と言われるもので、コンクリート製の洗濯槽に水道の蛇口が付いたもの。

ほどはペーパーさえろくに入らんような無駄な抽斗を造るぐらいですから、三百の部屋数から算盤(そろばん)をとるならば、欠損があるいは当然でしょう。それはとにかく、普通のサイドボードの抽斗は、どういう訳か知らんが、深さが四寸か五寸、もっと深いのもありますが、一体入れ物はどうかというと、銀の物で太くても二分か三分の厚みで、長さも五寸から一尺ぐらいに過ぎない。そこで、抽斗が深いために、これを二段三段と重ねて入れるからさあ出そうとすると困難で、一番下のものを撰り出すには、がちゃがちゃ引っくり返さなければならん。そのたびごとに大事な銀の備品は傷だらけになります。ですから、食堂のサイドボードは、実際の品物にあてはめて、細い浅い、ちょうど一段並びにできるぐらいの、これを引き出せば在るものが目に見えて、すぐ好きなものを取り出されるようにする。ナプキンやテーブル掛けのためには少し深抽斗(ふかひきだし)も要る。もっともこれも拵える人の美術的考えによりますから、一概に理屈のようには行きませんが、大きな抽斗は初め一遍は経済でも、将来の不経済ということは、誰も心得ておくべきことで、そういう意味から寝室の襯衣(シャツ)、着物などの容れ物も、よく寸法に合うものを拵えなければならんと思います。

椅子なんかも同じ理屈で、日本の椅子はたいてい身体に合わない。高過ぎるのですが、まあ我慢しようという、詰まらん痩せ我慢です。大工さんを呼ばなくても、自分で一二寸脚を切ったらよほど楽なものができるのに、無理して掛けておるのでは、つまらんことです。椅子は飾り物ではありません。もし簡単なものなら、切ることは何でもないですが、それよりも注文するときに、よく自分達の身体に合うものを注文するのが本当です。西洋館を建てますならば、どこでもたいてい造りつけの腰掛け*(built-in seat)を一つ二つ拵えます。ところが出来上がったところを見ると奇妙なことには、百の中九十九まではそれが高過ぎて、普通の椅子の高さと比べると一二寸高い。その上に蒲団を敷くならば、三寸ぐらいは高くなる。腰掛けはむろん椅子より低いのが本当で、実際安楽のために使うのですから、高過ぎては困るけれど、大工さんは九十九人までが椅子より高くする。ちょうどさかさまです。よほど注意すべき所です。

*壁などに造りつけるベンチのこと。玄関まわりやリビング、ダイニングなどに設置される。

暖房の設備及び衛生の設備は、もうこれからの時代には問題でない。もしどうしても予算に合わないなら、家を小さくして、そしてとにかく設備を完全にすることです。でなければ将来必ず失望します。そして西洋館はいやになって昔の方がいいと思うでしょう。自分に都合のいいという立場からばかりでなく、家の価値が違います。驚くほど大きな西洋館でも、中に何の設備もないならば、売るにしても貸すにしても、すっかり価値が落ちてしまいます。今日外国では、完全な設備のない家はおそらく建ちません。労働者の家だって暖房及び衛生上の設備はあります。新聞を見ると貸家の広告がある。それには設備によってちゃんと区別がついて、電車停留所まで何分ぐらい、家の大きさ、部屋の数、家賃は幾何（いくばく）と広告します。ところが設備のある家は少し狭くても倍ぐらいの家賃を取れるが、無いならば問題でない。従って古家なんかいつも空家（あきや）で残っておる。設備は飾りではなく、実際欠くべからざるものですから、西洋館の予算をきめますときには、第一に暖房衛生の設備をして、残ったら家を大きくする。この心得が肝心な所だと思います。

まだ、そういう細かい所をいちいち申したら、ほとんど際限なく出て来ましょうけれど、ここにはこれだけにしておきます。家を建てる場合にはもっと問題がたくさん起こると思います。その場合には建築技師と直接相談する必要があります。

お断りしておきたいのは、たくさんの方々がお集まり下すって、私の口のやり損なったのにも、多大の同情をもって、熱心に聴いて頂いたのは本当に有り難いです。皆さんと親しく、お友達同志の心やすい感じをもって、この住宅問題を三回にわたって研究しましたことは、本当に嬉しいです。お礼を申します。

付

『吾家の設計』五版追補

Note to Fourth Edition.

The cordial reception of the earlier editions of this book has encouraged its being revived, even tho the cuts were destroyed in the earthquake. The present edition is made at a popular price to permit of a still wider circulation, and is enlarged by the addition of a supplemental chapter on earthquake and fire-proof construction. This last, like the original text, is not intended to be an exhaustive treatise, but aims rather to give some practical considerations that may be of help to the average houseowner.

Because of the large demand for this first volume, it seems probable that the author may be able to carry out his plan of a series of three. The second volume, "How shall I Equip my Home?" [Wagaya no Setsubi], may be expected early in the new year; while the third,"How shall I Live in my Home?" [Wagaya no Seikatsu], will probably follow soon after.

It is my hope that all these volumes may continue to result in contacts and friendships as happy as have been coming from the earlier editions of "Wagaya no Sekkei"

W. M. V.

写真・図面補遺

＊『吾家の設計』五版にて、初版から追加、差し替えになった写真と図面を収載した。キャプション末尾に本書での該当ページを示した。

大阪市外の一住宅（庭園側）〔9〜16頁口絵〕

二十坪住宅の設計（その一）　†　〔12頁〕

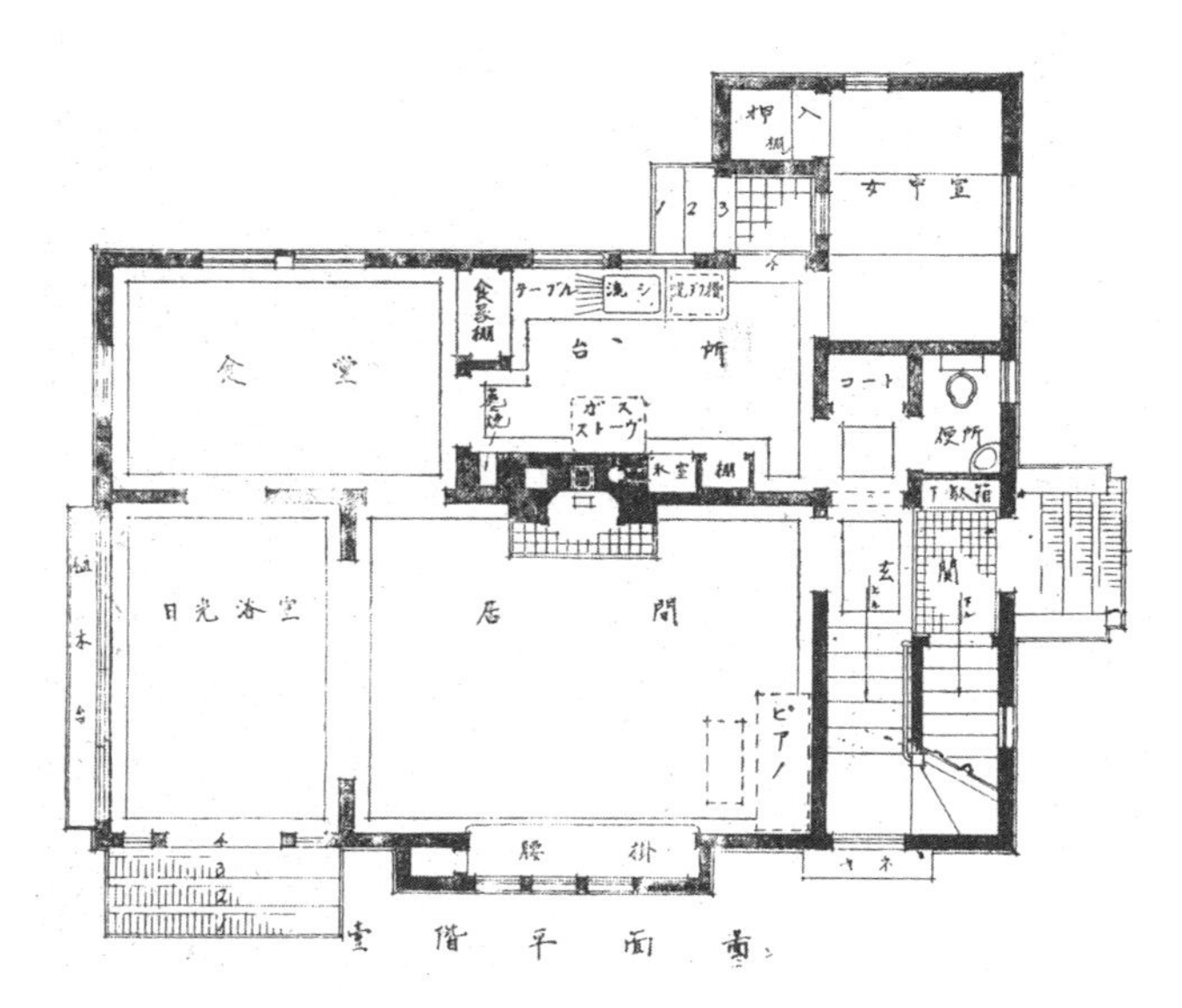

二十坪住宅の設計（その二）〔9～16頁口絵〕

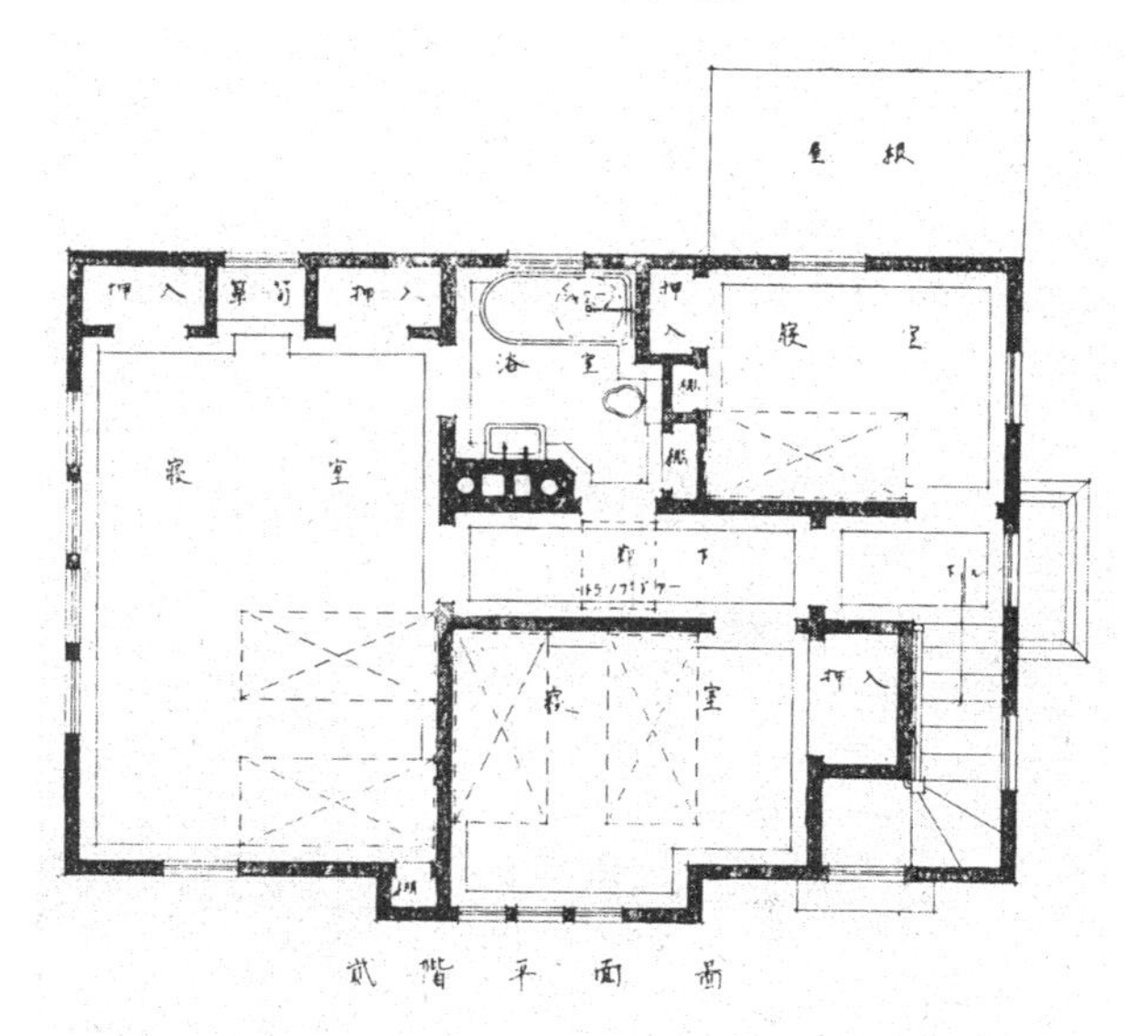

二十坪住宅の設計（その三）〔9～16頁口絵〕

地方小都会の一住宅　玄関〔35～36頁〕

大阪市内　倶楽部〔55～56頁〕

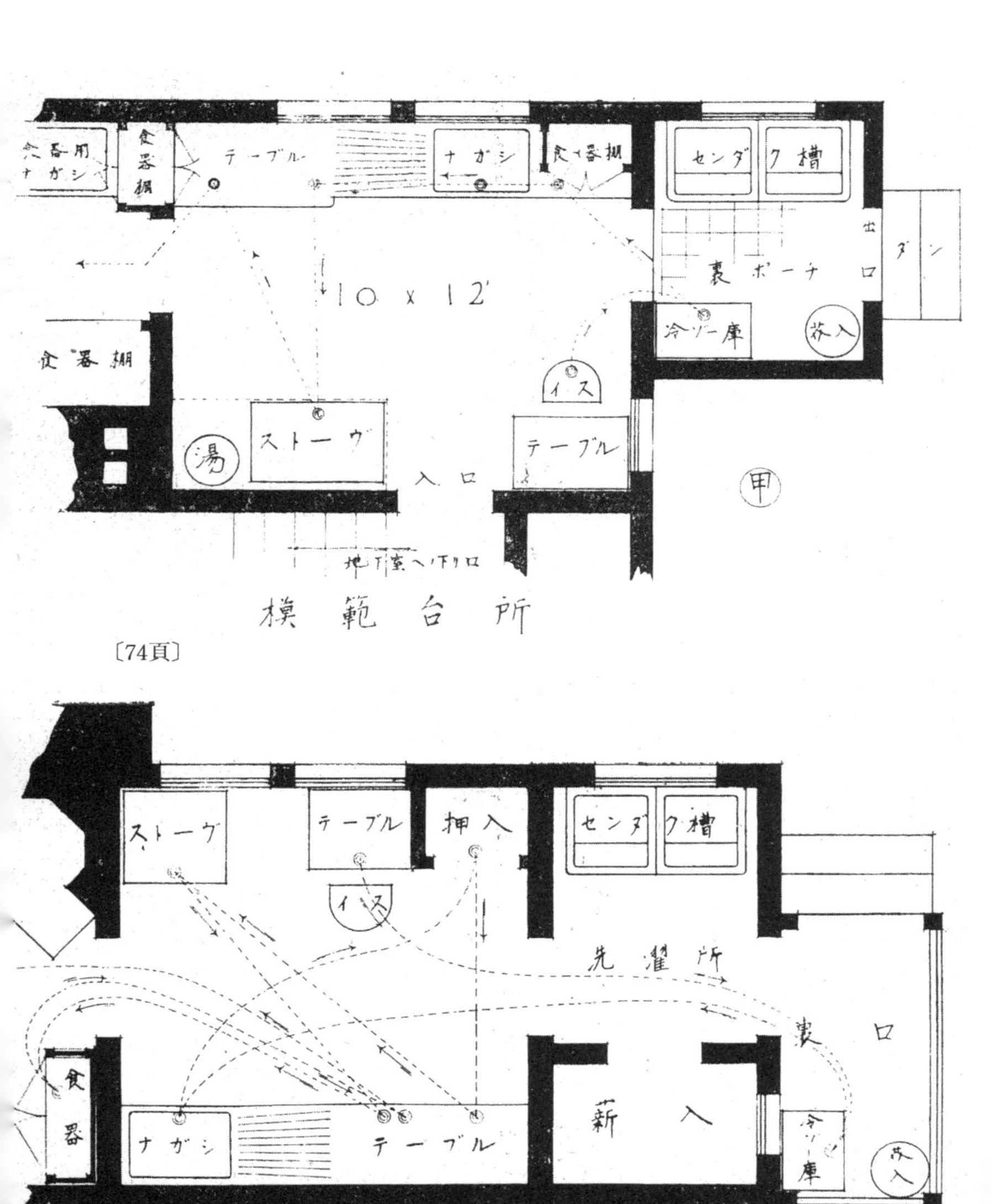

模範台所

〔74頁〕

悪イ設計ノ
台所
乙

〔75頁〕

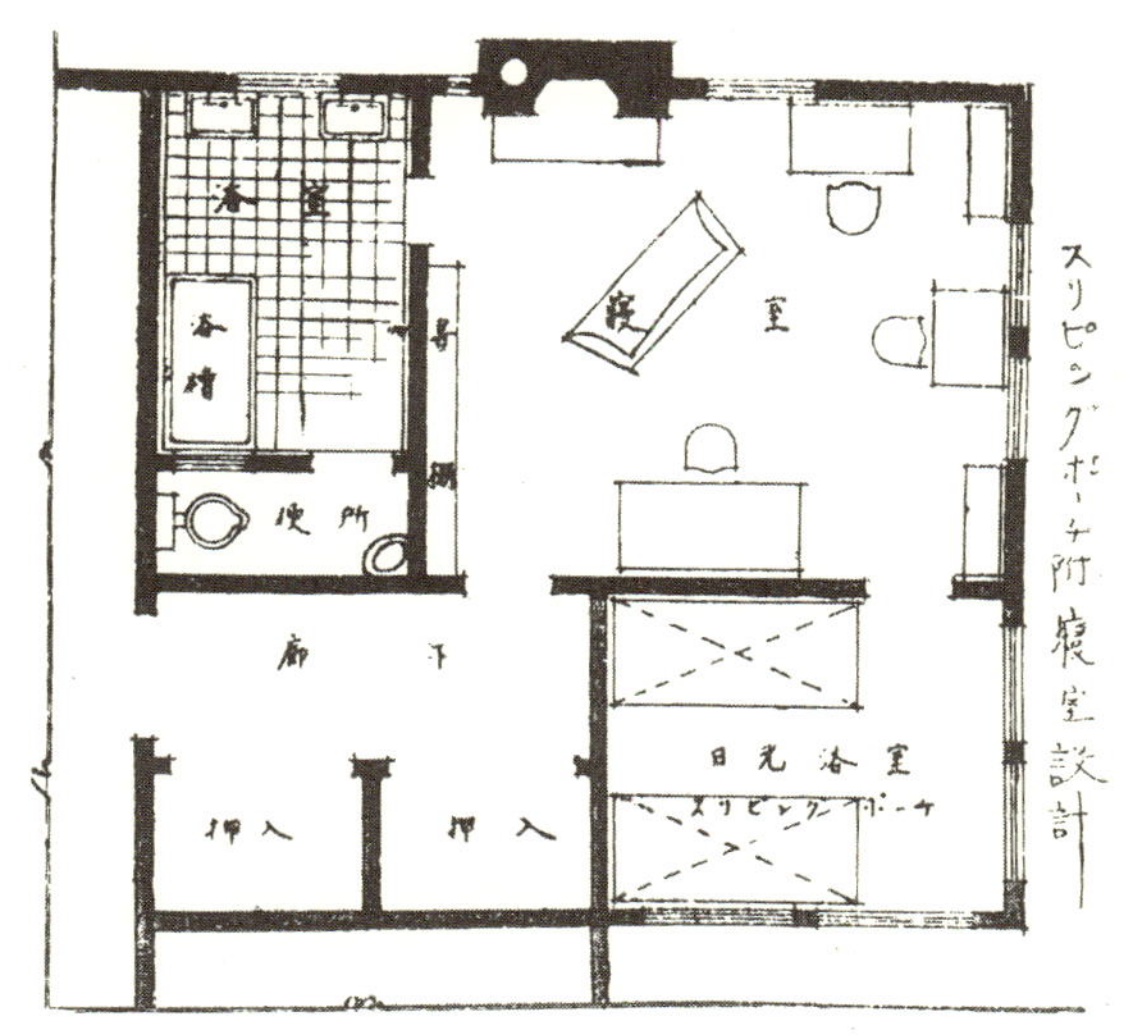

〔84頁〕

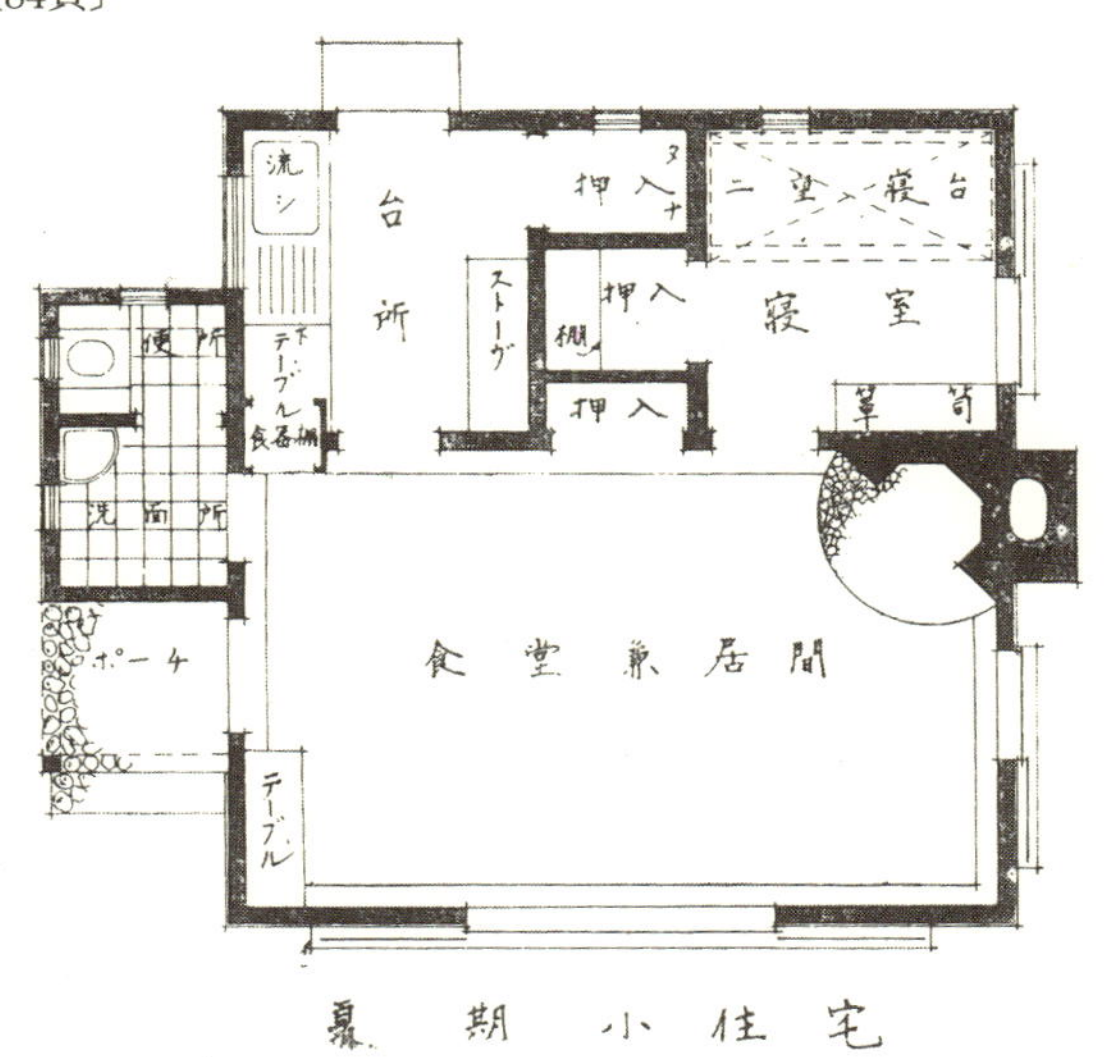

最少限の住宅設計 〔93頁〕

二十坪の住宅設計（その一）〔97頁〕

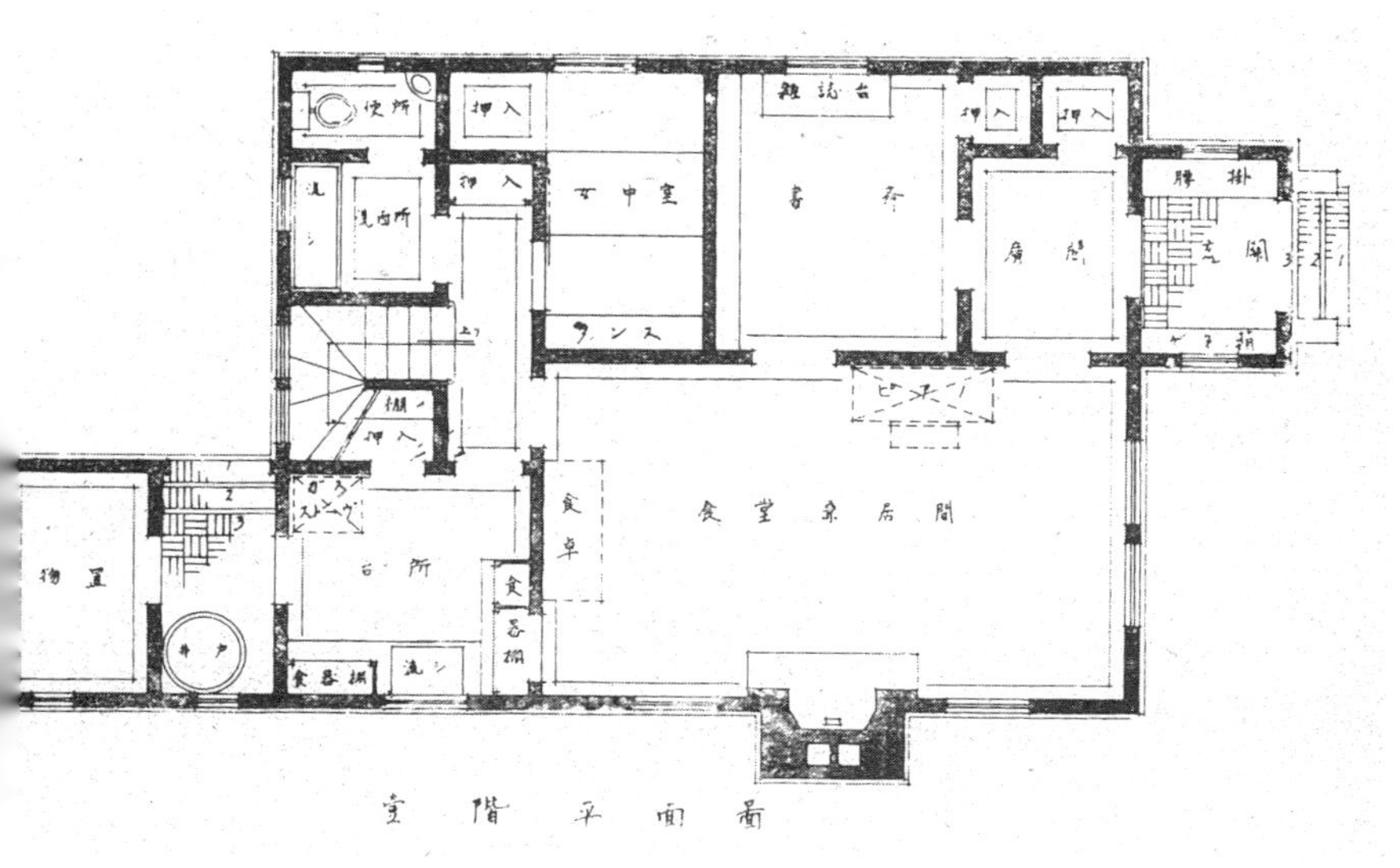

二十坪の住宅設計（その二）〔98頁〕

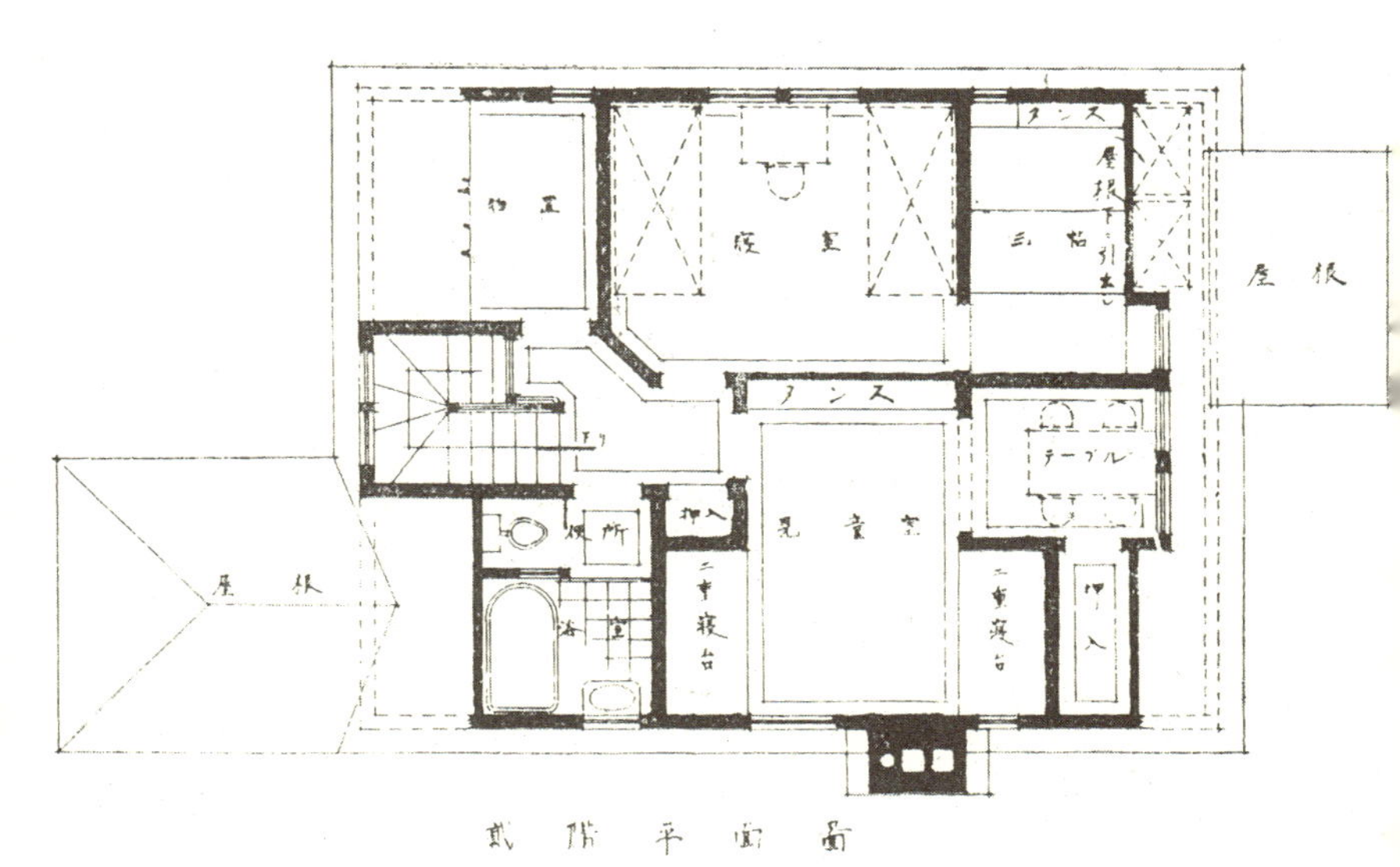

二十坪の住宅設計（その三）〔99頁〕

地方小都会住宅　ダブルハウス（その一）〔109頁〕

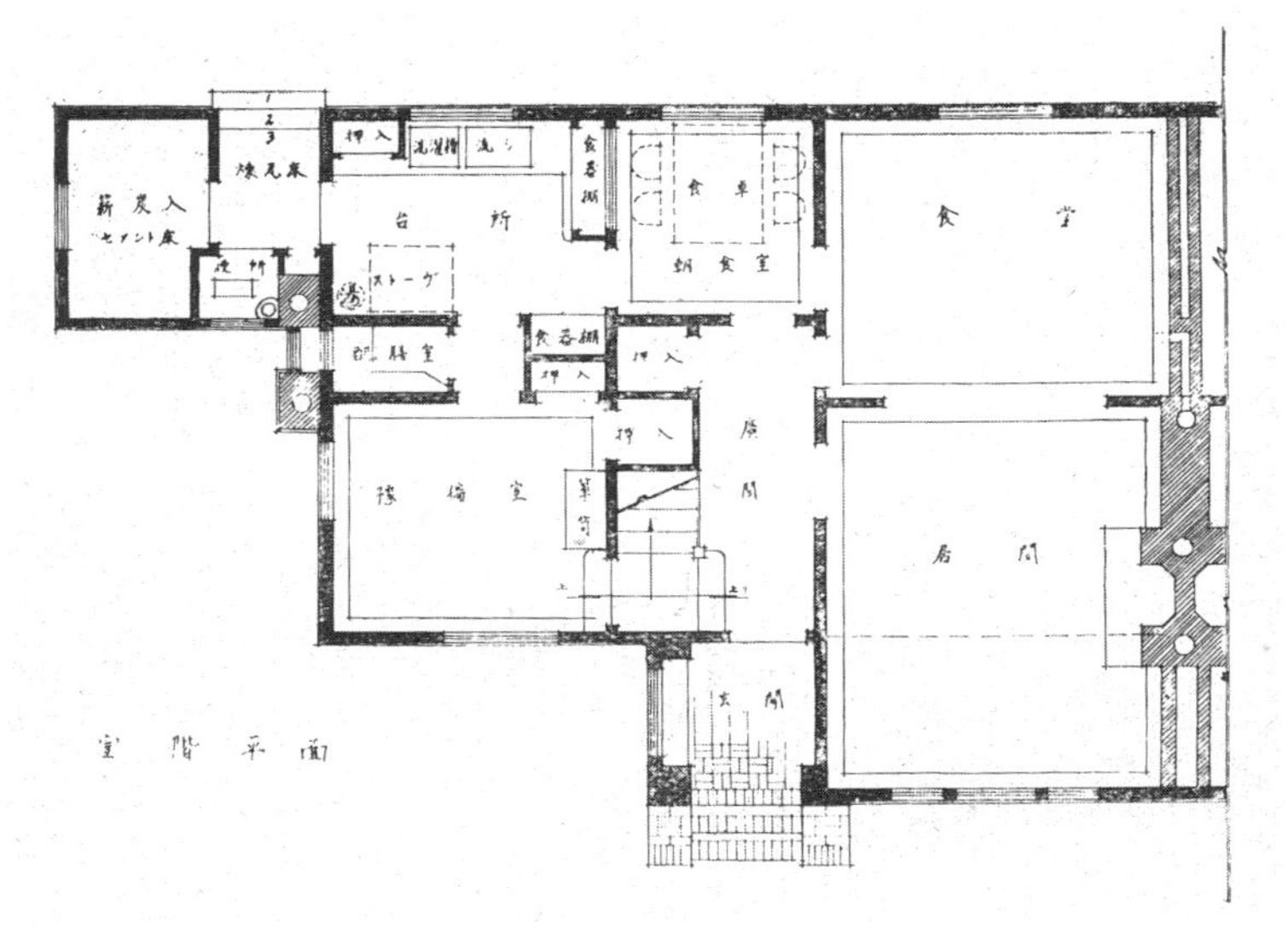

ダブルハウス設計（半分）（その二）〔110頁〕

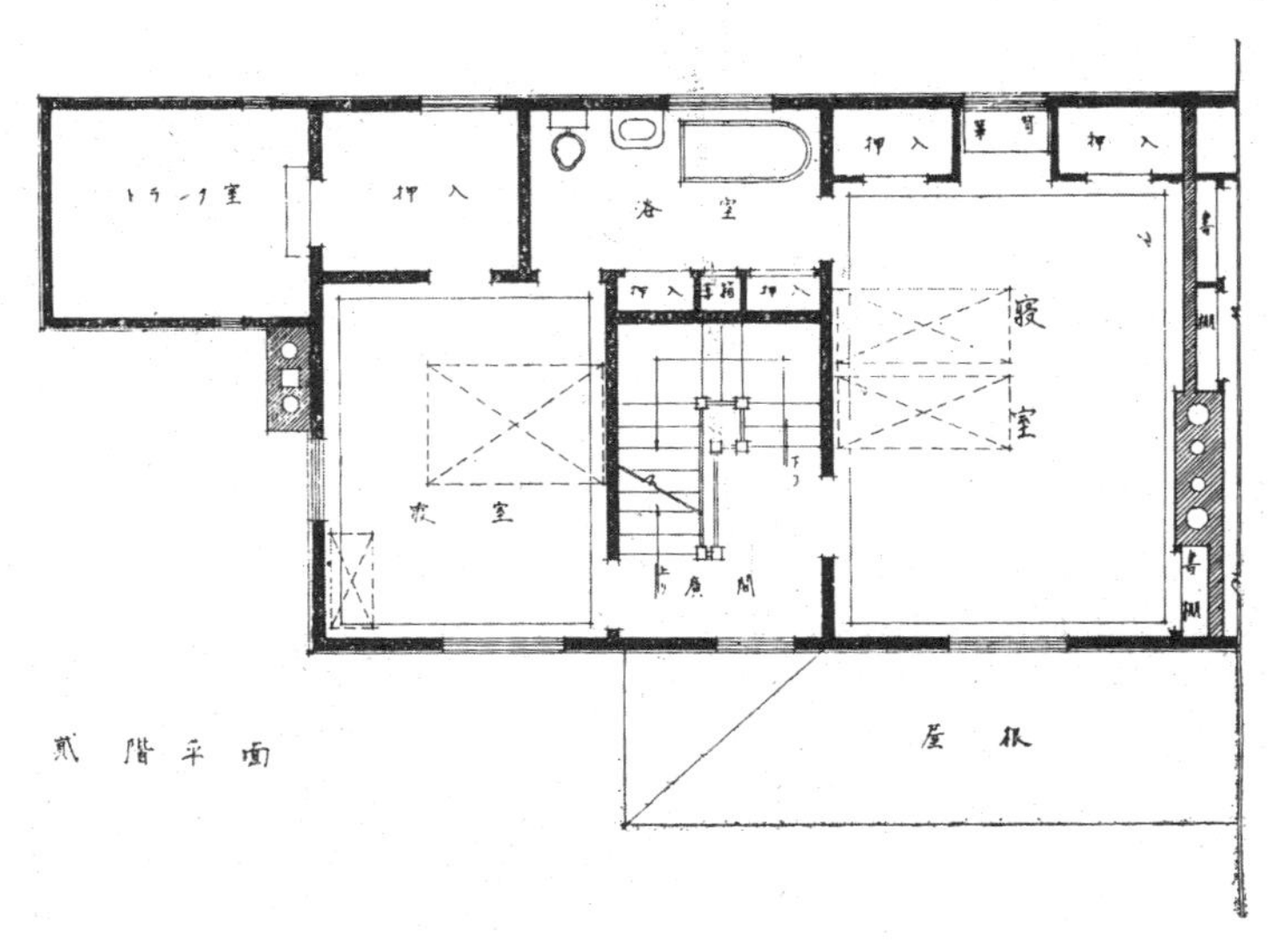

ダブルハウス設計（半分）（その三）〔111頁〕

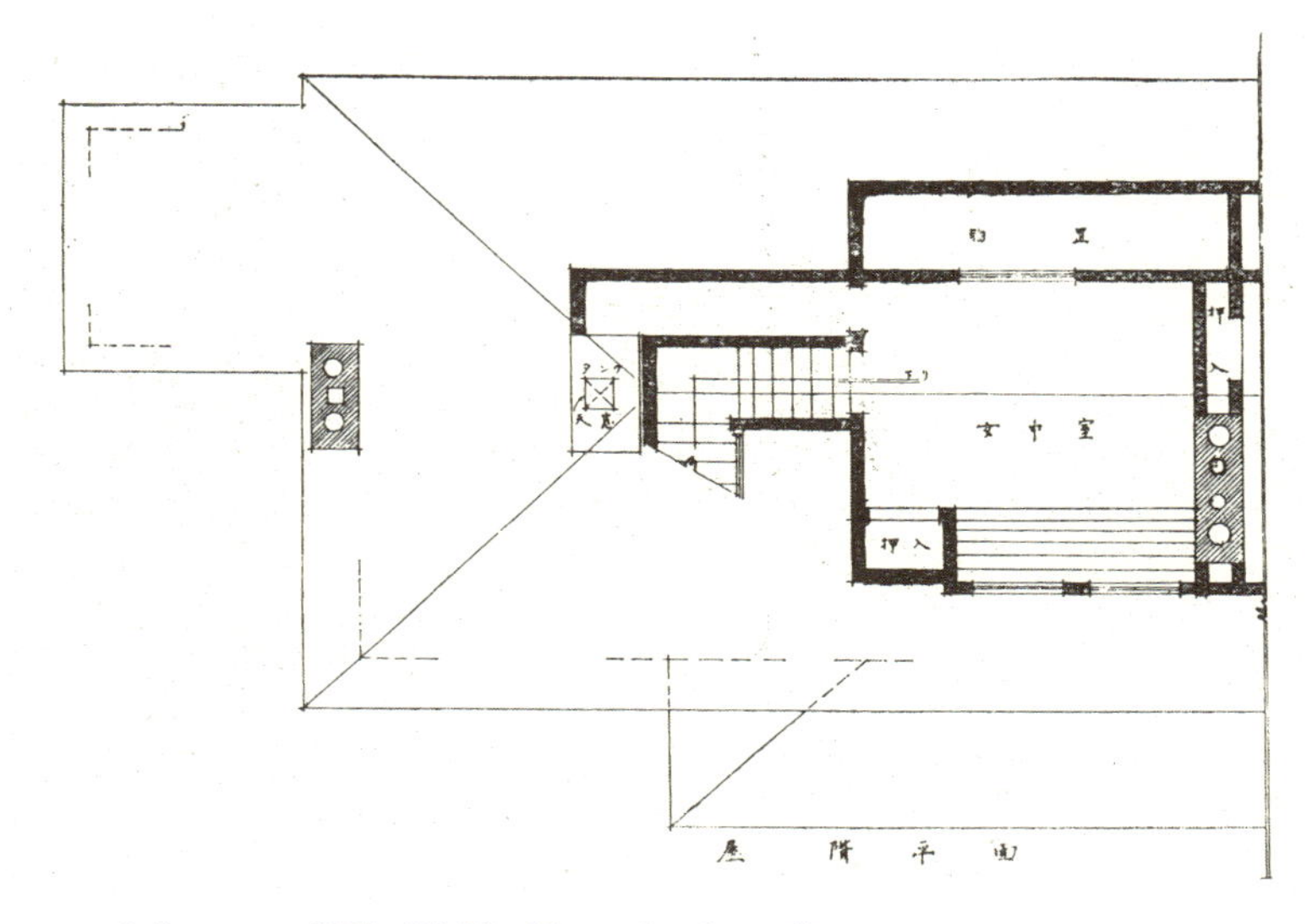

ダブルハウス設計（半分）（その四）〔112頁〕

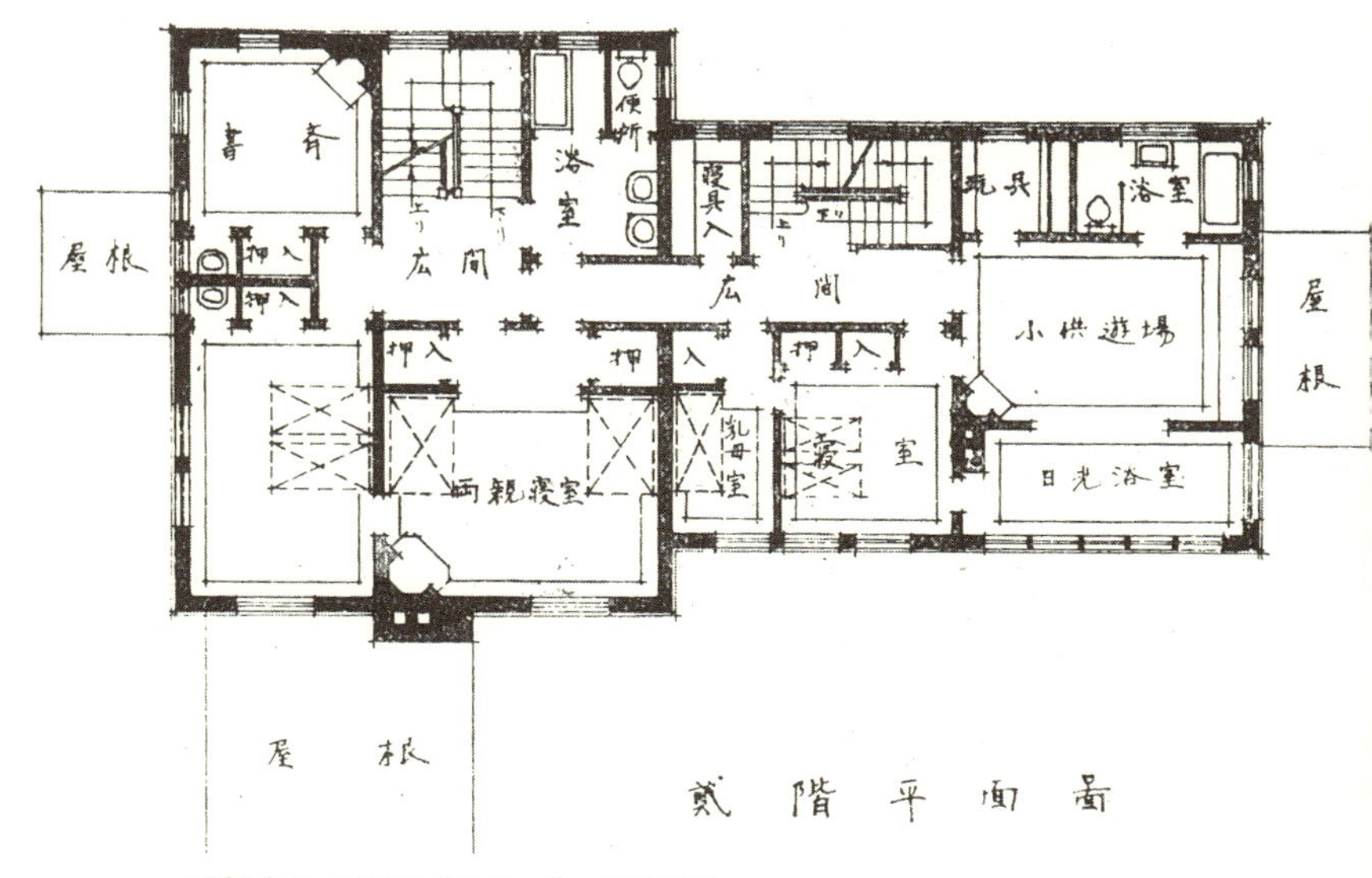

子供中心の住宅（その一）〔119頁〕

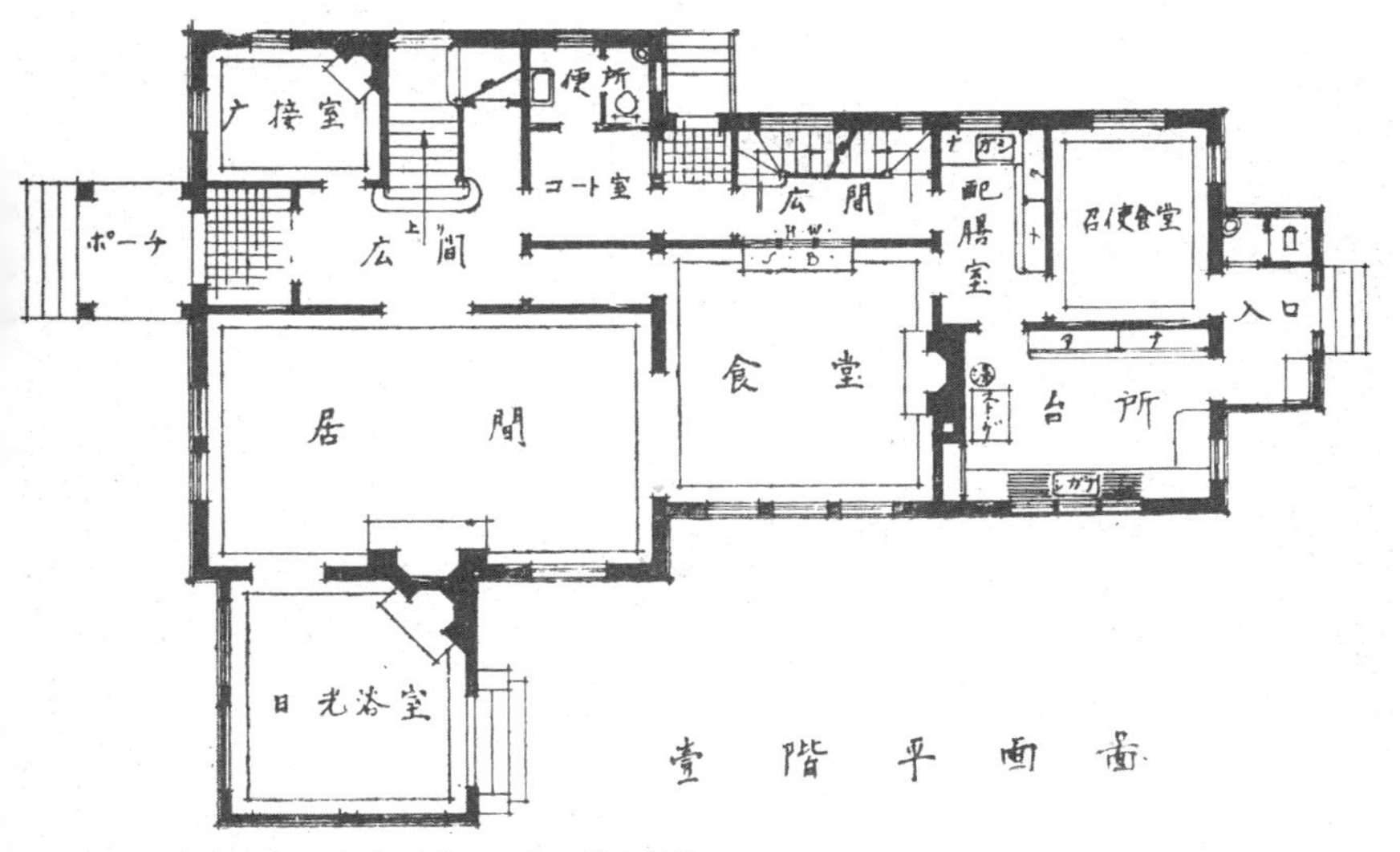

子供中心の住宅（その二）〔120頁〕

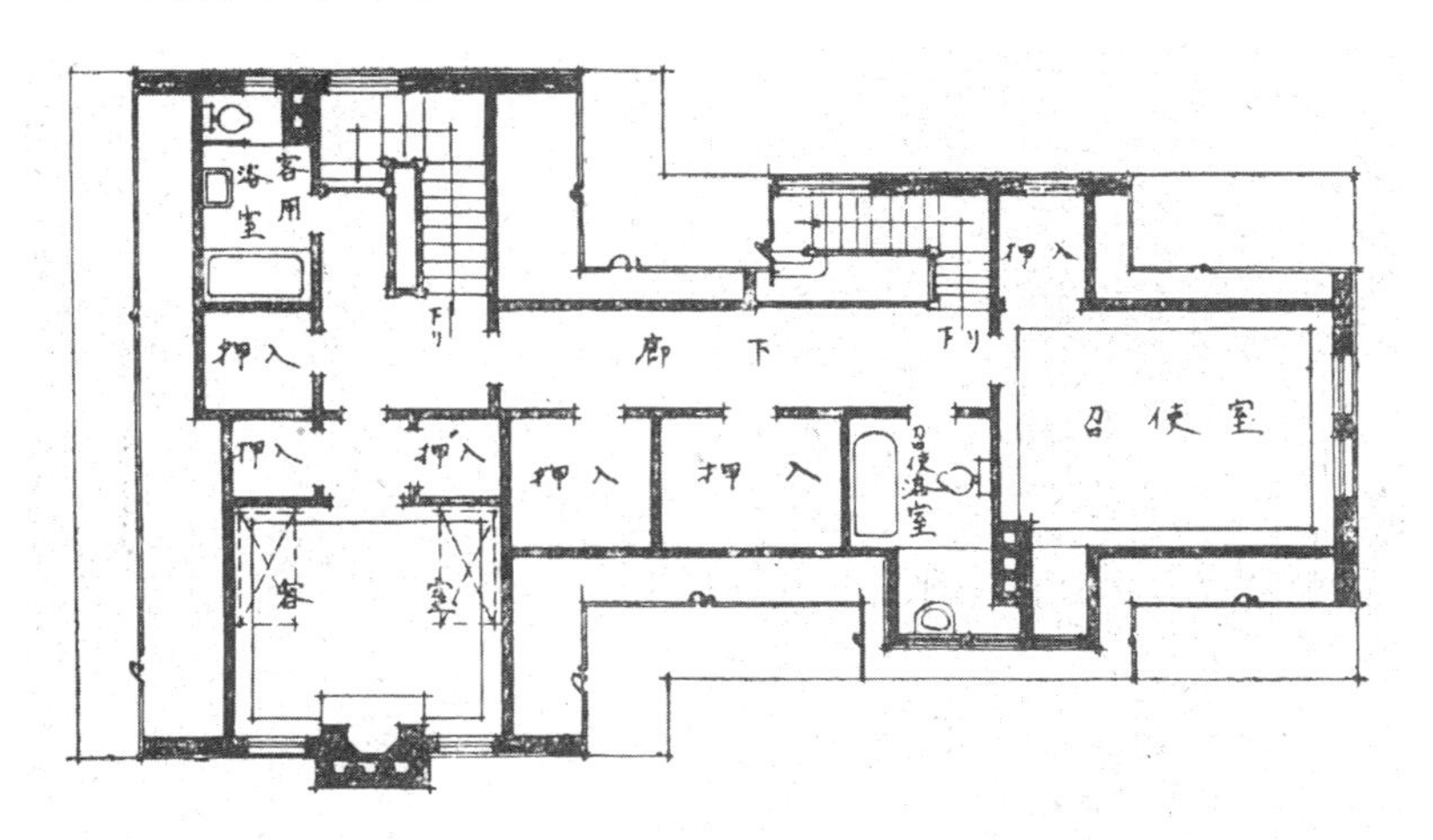

子供中心の住宅（その三）〔121頁〕

子供中心の住宅（その四）〔121頁の次頁〕 †

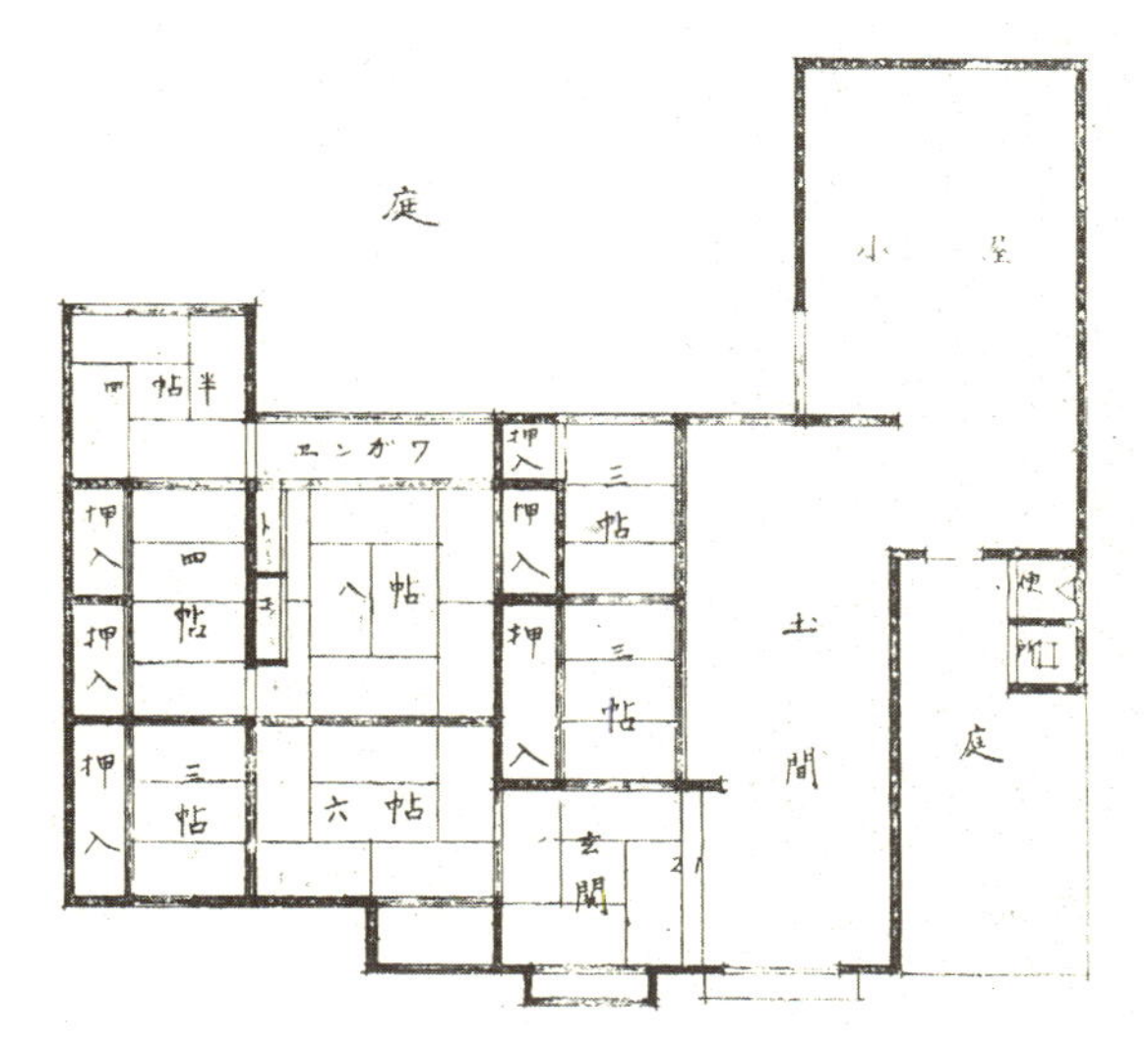

古家平面図（改造前）〔137頁〕

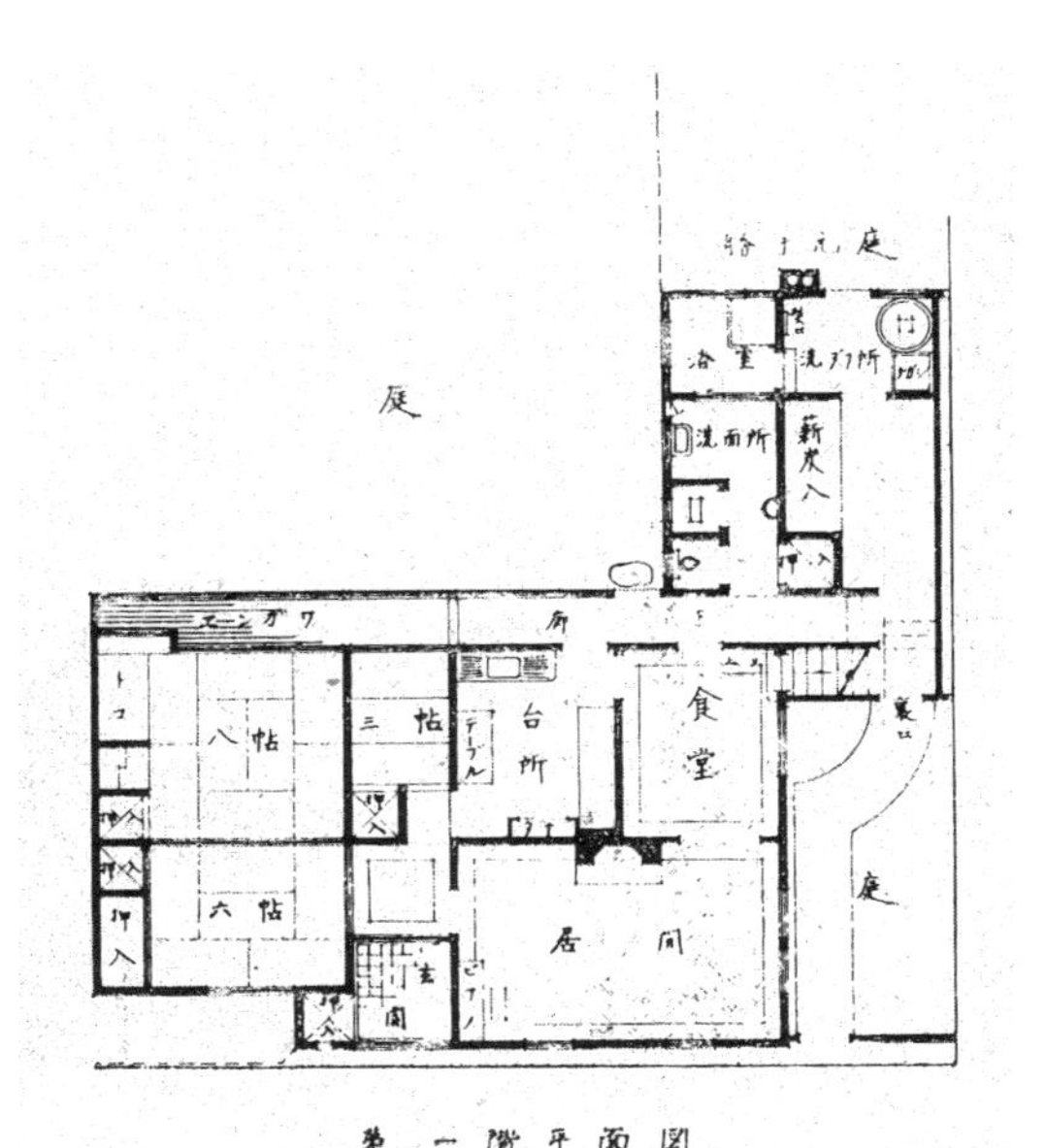

古い家を改造したる新しい平面図（その二）〔142頁〕

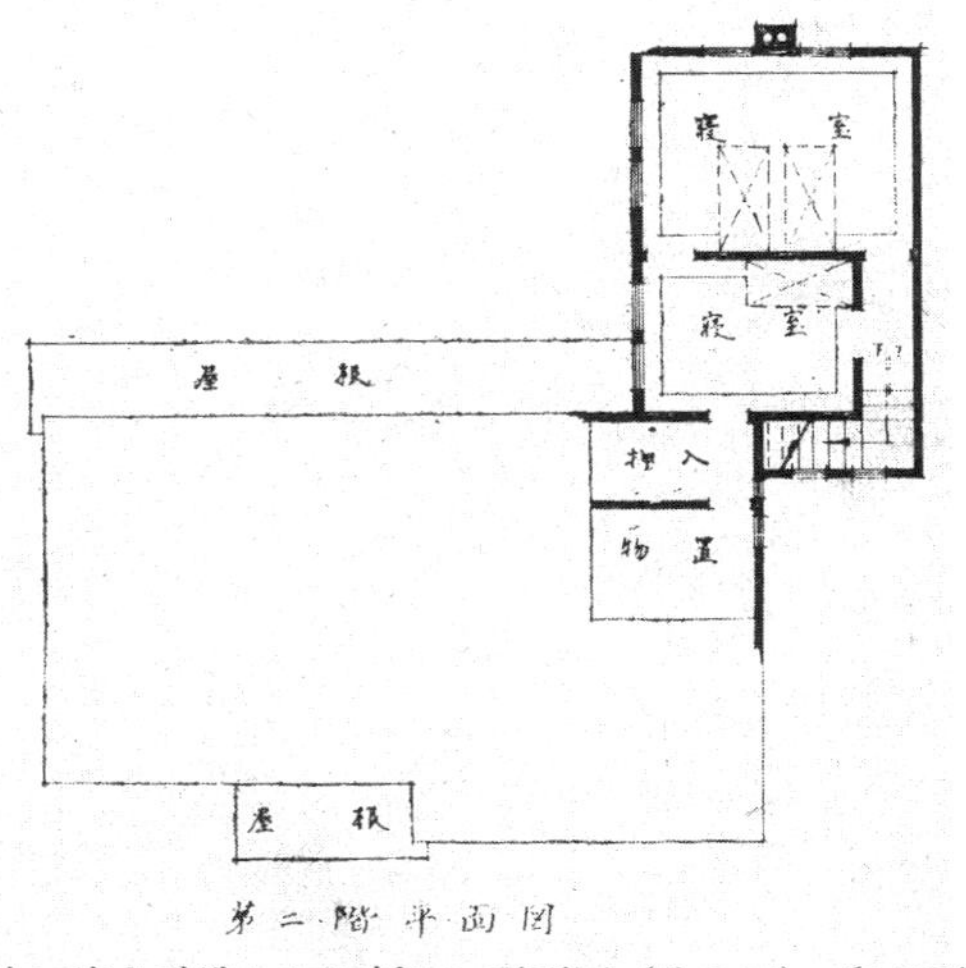

古い家を改造したる新しい平面図（その三）〔143頁〕

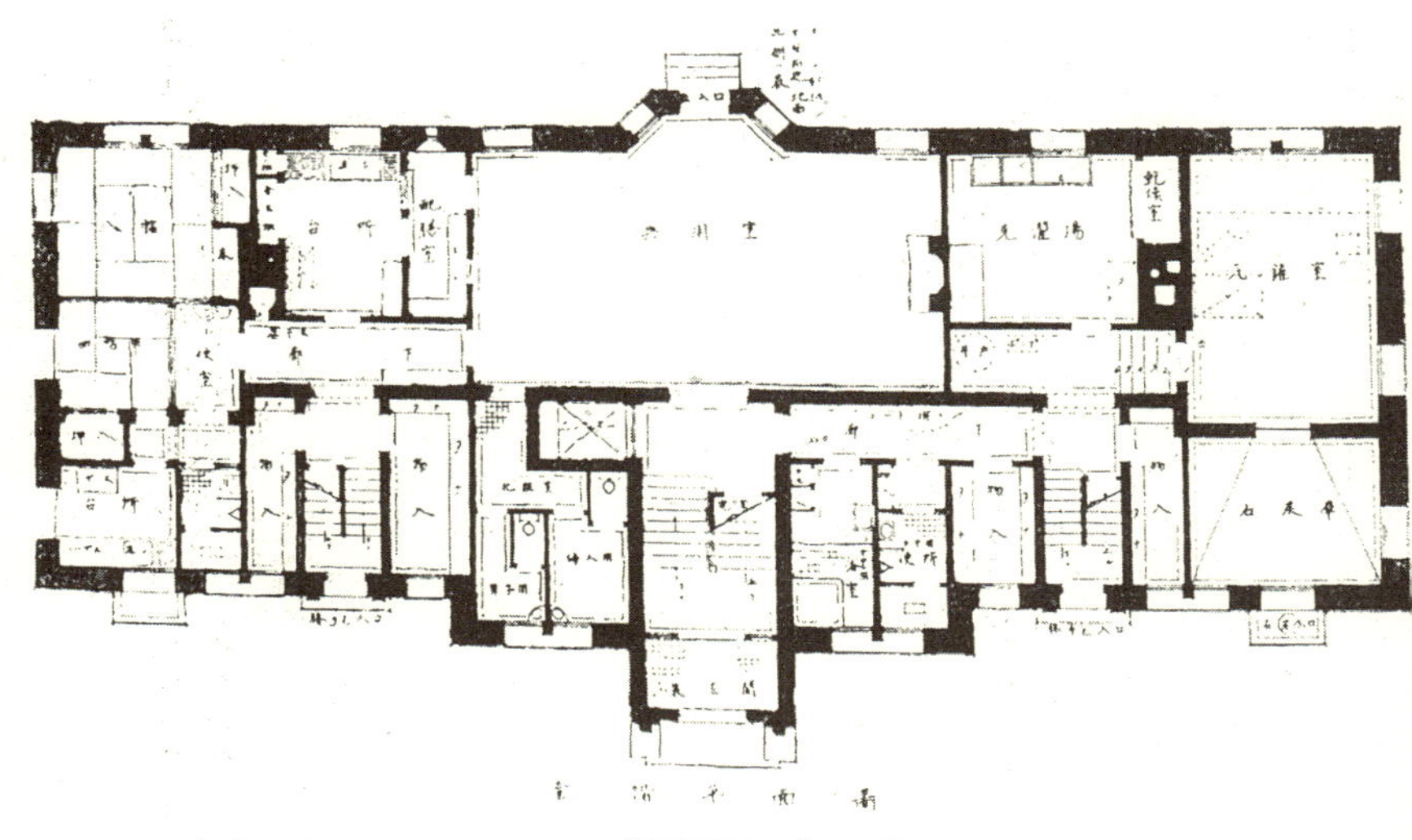

大森アパートメントハウス一階平面図 〔149頁〕

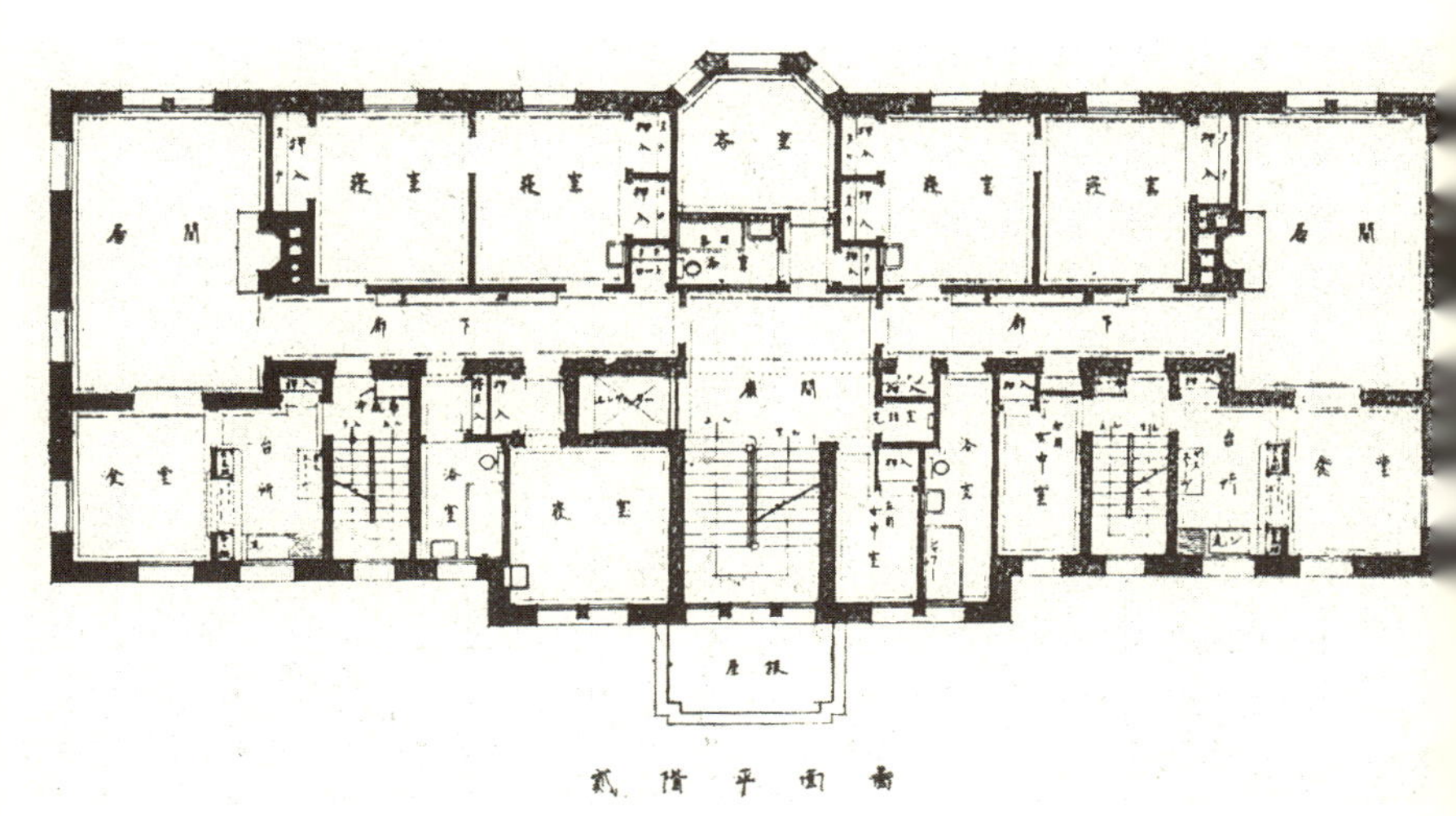

大森アパートメントハウス　二階平面図 〔150頁〕

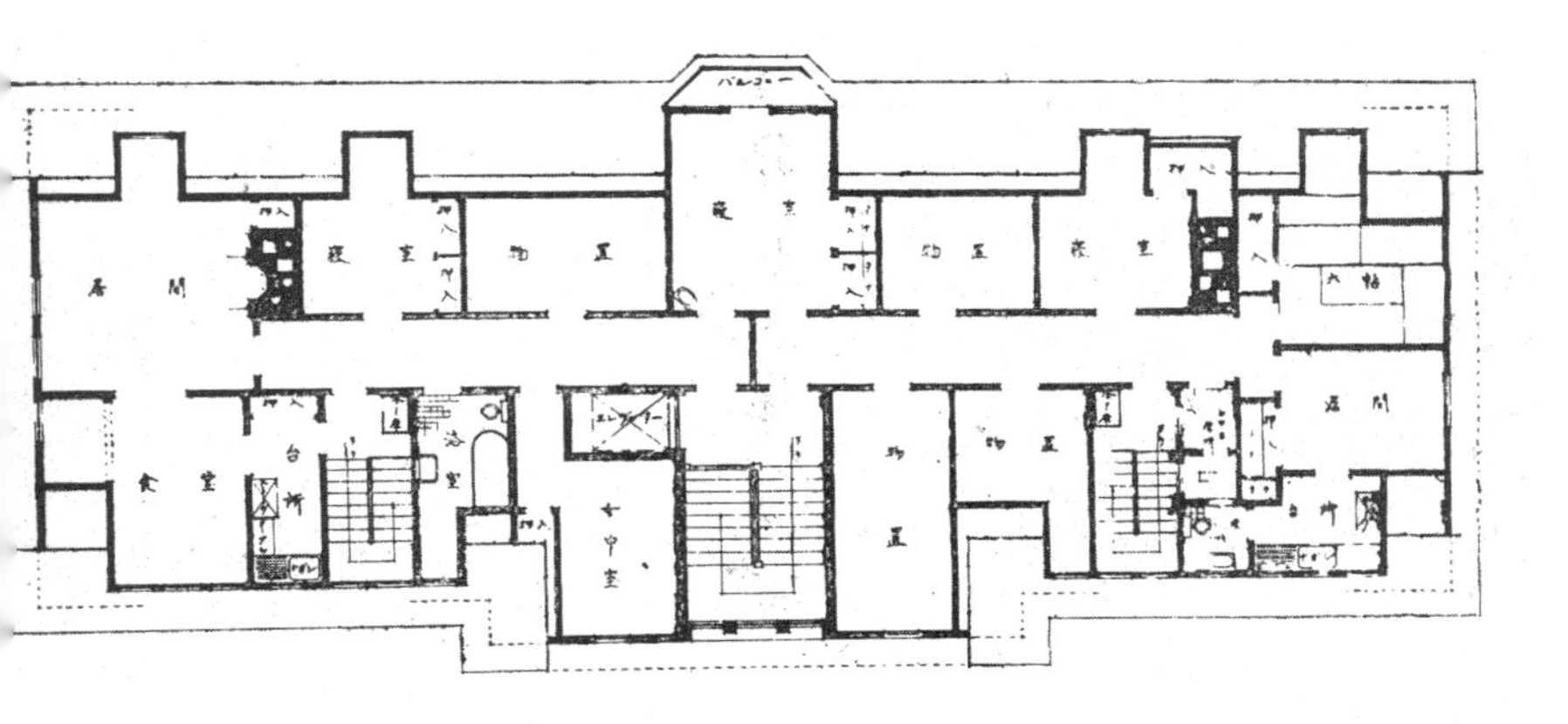

屋階平面圖

大森アパートメントハウス　屋階平面図〔151頁〕

神戸郊外の一住宅〔157頁の前頁〕

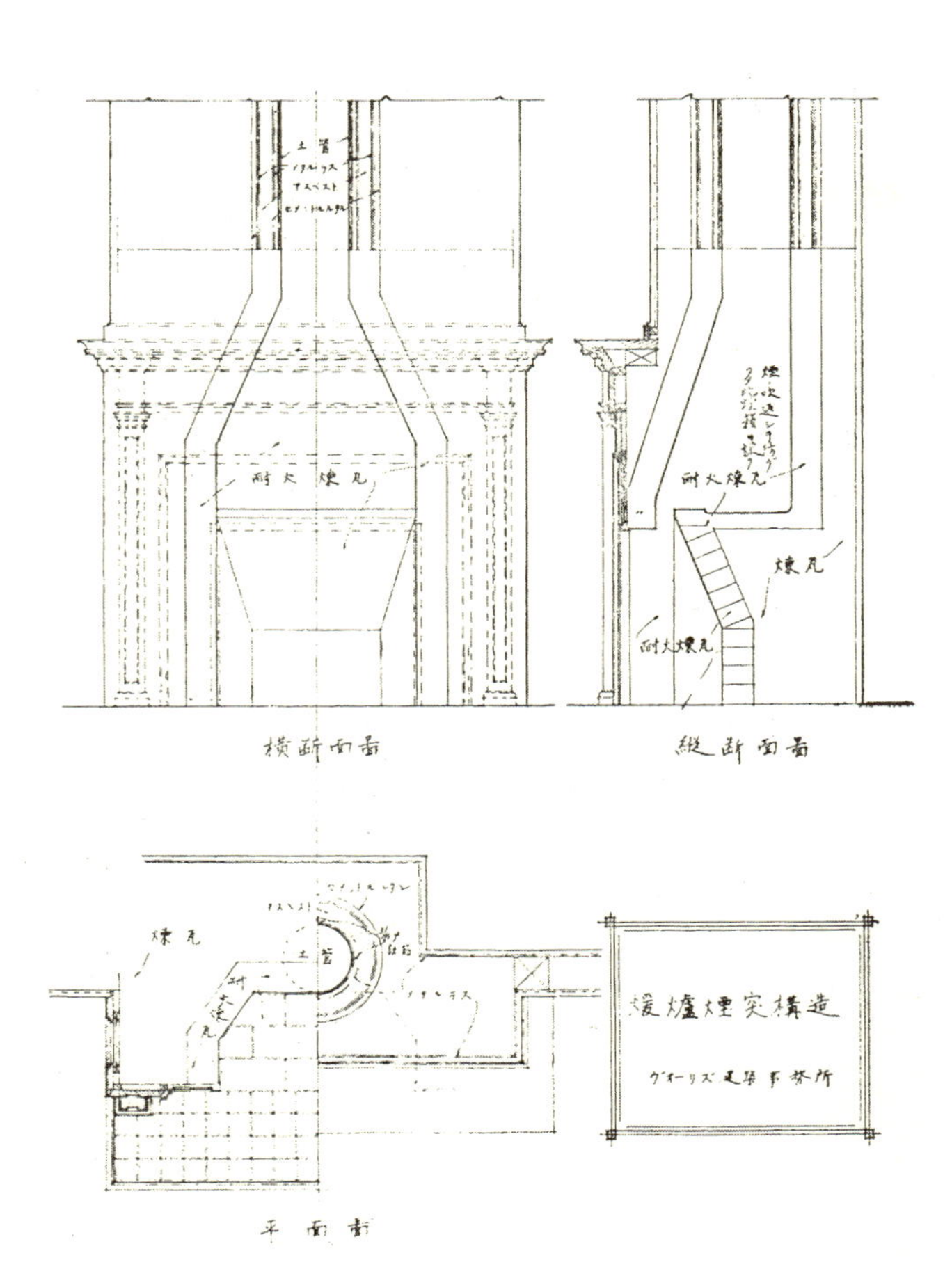

〔183頁〕

中流住宅と小売商店の耐震耐火の工夫

一　中流住宅のために

二　小売商店のために

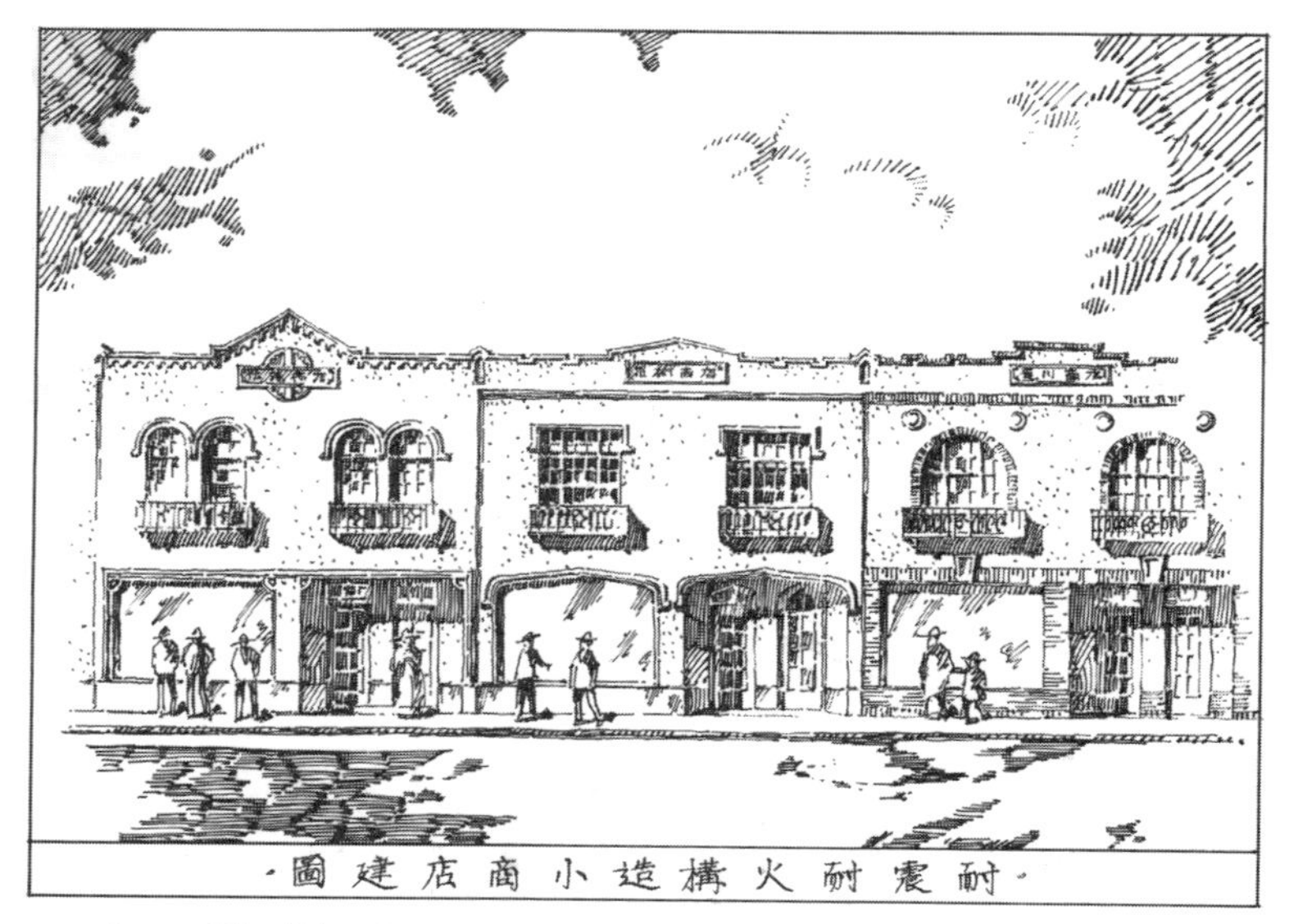

耐震耐火構造小商店建圖

〔9〜16頁口絵〕 †

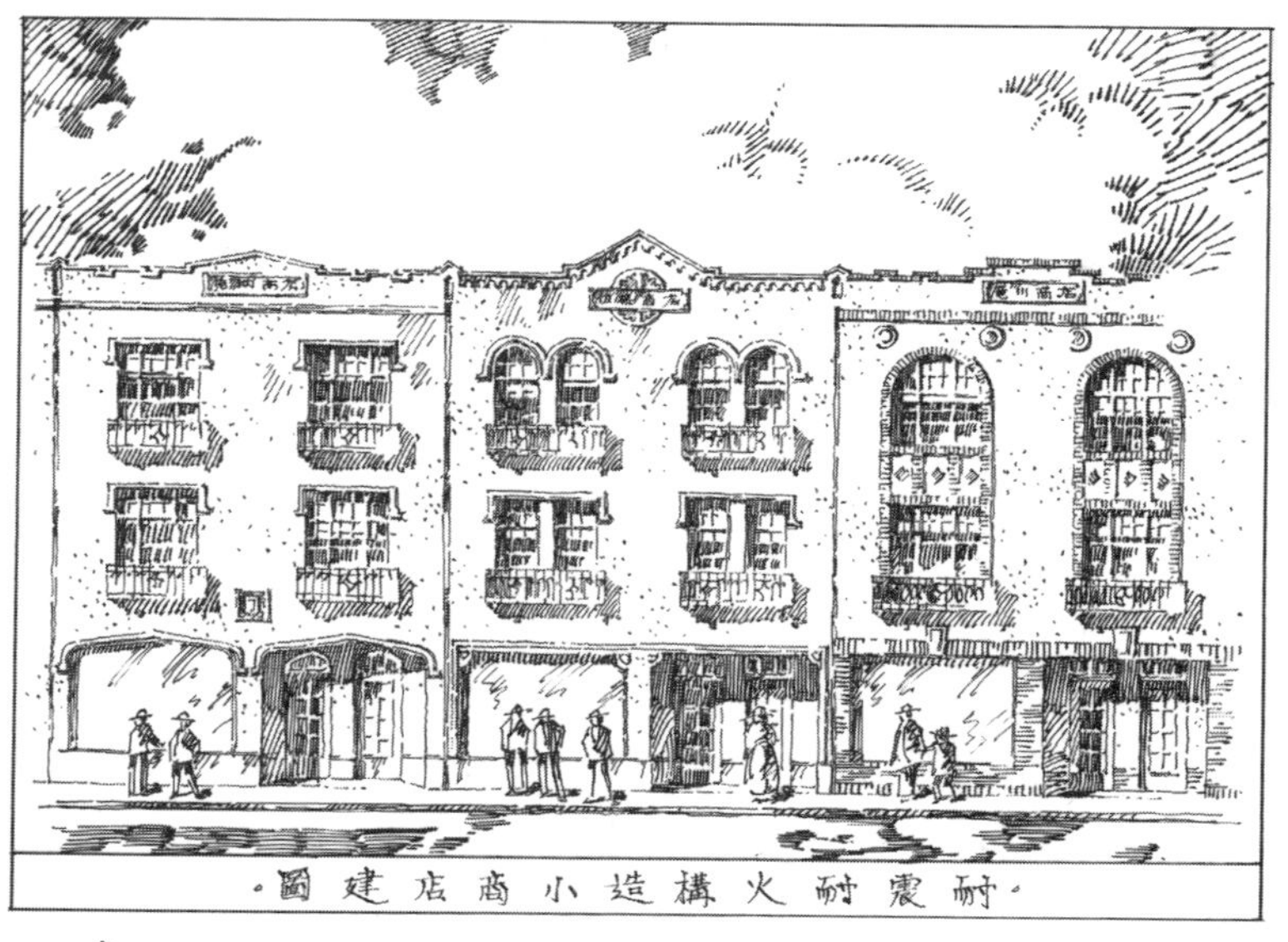

耐震耐火構造小商店建圖

†

一　中流住宅のために

今までの考えでは、地震や火事に耐え得る建築と言えば、大仕掛けの立派な建築についてのみ考えた事です。大きな株式会社か、大資本家でなければ、耐震耐火の建築なんかは持てないものと一般の人達は考えていました。かかる古臭い立場からは、中流以下の人達にはその望みが得られなかった。

しかしながら、今度の大地震[*]と大火事の結果、だいぶ社会が目醒めました。ある方面より考えると、ちょうど今までの考えと反対の方向の事も考えられます。大富豪や、資本家は、建築物が二軒や三軒全くやられてしまっても、また建て直す事も出来るし、また予備建築も持っています。ところが、貧乏人ほどその唯一の財産を入れているところとしての、家を失う事が出来ぬ問題となるのです。ここに始めて、個人の真の経済、さらに国の経済も顕(あら)われて来るのです。

さて、耐震耐火の建築とは何でしょう?

＊一九二三年（大正十二）九月一日に起きた関東大震災のこと。『吾家の設計』初版出版（同年六月）の直後に起きた。耐震耐火について記した本稿を増補するため、翌年にすぐ改訂版を出版した。

全き耐震の建物は、土台から全体をひっくり返しても、潰れない作り方の構造でなければなりません。そう言う構造の建物を、絶対不動の基礎工事の上に置けばよろしい。そうして建物を基礎工事と完全な連絡を取る必要があります。その上にもし、耐火的施設を完成しようとするならば、絶対に焼けない材料のみで建てられるばかりでなく、建物の中の建具も家具もすべての設備も焼けぬものでなければならぬ。おそらく日本にはこう言うものは今まで一つもなかったでしょう。

外国の最近、最新の建物の内には、地震国でないために耐震の方面は絶対完全でなくても、耐火の事には人智の限りを尽くして、絶対安全と称しているものが少なくない。たとえば、近代式商店や事務所の建築や、ホテル等にそんなものがあります。鉄筋コンクリートまたは鉄骨の構造で、耐火的骨組みをなし、その上にすべての窓及び戸（入口の戸も）は鋼材の額縁と建具を使います。窓のガラスも、ワイヤグラス（針金鋼入り厚ガラス）として、室内の額縁幅木＊等の雑作も皆金属製とします。床の仕上げは木造でなく、大理石、タイル、あるいは人造耐火材料にします。もちろんその下の床構造は鉄

＊壁の一番下の床に接する部分に設ける部材で、壁の下部を保護するためのもの。

筋コンクリートとします。屋根も階段も耐火材料でします。建築が出来てから中の家具やすべての雑作も金属製です。そう言う、鉄くさい、堅い、軍艦のような恐ろしい感じを与える建築と設備は面白くないと考えるならば、大変な間違いです。実に上手な美術的の形式と仕上げのために、名木で出来た住み心地のよい建築に住むのと少しも変わりはありません。指で触れてみても、鉄製か木製かの区別がつかないほどです。このような家に住めば火事の恐れもなく火災保険の必要もなくなります。そしてこのようなもので都市を造るならば火事の源がなくなります。焚きつけのような不完全な燃料で築いた都市建築の一区域が焼け出すと、今まで耐火建築と誇っていて小さい火事には騒ぐ必要のない建築すら、大火の時に窓やら他の隙間から火がはいって木造の雑作や家具が皆やられてしまいましたから、市内の木造家屋の内でただ一つ、いわゆる耐火構造で実際の半耐火建築を建てるのは損です。周囲も全部半耐火建築となれば理屈に合いまた効力がありますが、火の海中の一軒家となっては絶対耐火的でなければ役に立ちません。

本当の耐火建築なら、片一方の部屋が焼けてもすなわち部屋の中の、新聞雑誌や衣類、座蒲団が煙になっても、鉄戸一枚閉めれば問題がなくなります。

地震の問題になると、近頃の新聞雑誌や、地震に遭った人々の話や、耐震構造について無関係で全くの素人でも無遠慮に各自の意見を発表しますから、何が何だか解らなくなります。地震に耐え得た二三の耐震の例を見て、普遍的のもののように結論を作って発表されては困ります。たとえば煉瓦造のものが倒潰したから一般の人は煉瓦造は全く駄目としてしまいます。ところが丸ノ内の三菱館中の古建物は煉瓦造です。また政府の古い建築中に煉瓦造の完全に耐震したものがあります。

ある人達は屋根に瓦を敷くのは全く不可と言います。だから亜鉛引き鉄板葺ほど完全なものはありませんと言います。瓦そのものより葺き上げる方法による事を知らぬ人の言い分です。また地震に驚いて、地震ばかりを考えるために、他の条件を少しも考えないためです。大地震が一つ起こる歴史的の時間に何千の暴風が吹くでしょう。暴風の時の亜鉛引き鉄板は恐ろしいもので、風のために飛び去る恐れがあります。

またある人は煙突が全く駄目と言います。煙突はたくさん倒潰しましたのは事実です。しかし建築物が焼け失せても煙突のみ厳然と残ったのは幾何かあるかも知れません。今村博士[*1]のお説の如く地震のために死人は十一軒に一人で、火事のためには三軒に一人の死人であるとすれば、地震より火事の方が恐ろしいのです。煙突は火災のためには防火の最もよい施設です。煙突は必要なものです。煙突なくては住めません。煙突廃止でなくしていかにして完全なる煙突を作るかが問題です。

本当の事を言えば、耐震材料とか申しても施工が完全でなければ何の役にも立ちません。鉄筋コンクリート建てにしてもその完全に耐火した建築と同じ鉄筋コンクリート建てですぐその隣りにありながら全く倒潰したような例はいくらもありました。

世界大戦[*2]の標語は『経済第一』でしたが、それは、あまりに行き過ぎました。最少の金で最大の建築をする悪習がつきました。たとえば、大東京の名物であった大建築の一つは、旧館と新館とから成った巨大なものでした。旧館は戦争前[*3]に、新館は戦後[*3]に建ちました。そして旧館は完全に耐震していますが、新館はひどく地震の災いを受けました。新旧の二つ共形式も材料も

＊1 今村明恒(1870−1948)は東京帝大の地震学者。関東大震災の発生を予知して警鐘を鳴らしたが、発表当時は受け入れられなかった。

＊2 一九一四年(大正四)〜一九一八年(大正七)の第一次世界大戦のこと。第二次世界大戦が起きるまでは第一次との呼称は付かなかった。

＊3 同じく、ここでの戦前・戦後は第一次世界大戦を指す。

同じです。もちろん、市内における位置も同じ所でした。これを見て想像する事が出来ます。旧館の時は、材料も賃金も安く充分の注意をして建てました。新館は材料三倍賃銀(ちんぎん)は二倍の好景気で、確かに工賃の点で請負者が受けた注文は注文者より建築費についての交渉が手厳しかったのでしょう。

材料は何でも、第一流の建築士の考案によれば耐震構造に作れます。それに要する費用さえ惜しみなく与えられましたら、しかし職工の念の届かぬ事や、うその倹約を材料に加えるとどんな最上の材料でも耐震的にする事が出来ぬばかりでなく、平時の時でも不安心きわまるものです。

もし中流以下の人士の注文で、二階建て耐震建築を依頼されましたら、私は木造二階建てで設計したいと思います。もし、耐震耐火と言う注文ならば、私は鉄筋コンクリート以外で経済的の構造はちょっと見つかりません。

考えれば、木造の家は地震で潰れねば一命を得て逃げ出す事が出来ます。火事は地震の後に来ますから、耐震は耐火より先に必要です。

木造の住宅を造れば、すべての外壁及び間仕切り壁と屋根の構造は全く、合掌式の筋違材(すじかいざい)を入れて鉄ボールト座鉄*で締め付けます。その下の基礎工事

＊現代では何にあたるか不明だが、鉄製のボルト(bolt)とナットと座金(ワッシャー)で強固に固定せよということであろう。

は太い鉄筋入りコンクリートのものにして、その鉄筋入りコンクリート土台は鉄ボールトを埋め込んでおいて、二三尺ごとにコンクリートと、木造の土台を締め付けます。すなわち潰れない骨組みと動かぬ基礎を完全に連結します。そしてその骨組みの上に外側の仕上げは、メタル・ラス*1（金網）を丁寧にU字型の釘で強固に柱、間柱（まばしら）*2、胴貫（どうぬき）*3等に打ち付けます。その上にセメント・スタッコ壁*4をつけます。屋根の葺き上げはなるべく軽くするために、石盤（スレート）*5か、石綿盤（アスベスタス）*6を用います。その打ち付けには亜鉛引き釘*7を使用して腐蝕する事の無いようにします。

内部の壁はやはり、メタル・ラスに漆喰壁を塗りますが、または特に指定された板類を使用します。煙突は下の方、焚口の上まで煉瓦積みとして鉄棒とアングル*8（L字型の鉄）で構造を強固にします。焚口の上からは煙突のために耐火土管またはアスベスタス土管で作ります。そして土管は鉄棒鉄把（てっぱ）、鉄網でもって巻き上げ強くして上をアスベスタス（石綿）で包みます。さらにその上に鉄網とアングルで、煙突の型を作って外部にスタッコ塗り（セメント壁）、内壁の時は漆喰壁仕上げとします。建物の外部に煙突のある時は煙

*1　メタル・ラス（metal lath）とは、外壁に塗られるモルタル等の剝落を防ぐため、下地として使用される金網のこと。

*2　柱と柱の間に取り付ける補助的な小柱。壁の下地材。

*3　建物の腰部に柱と柱を貫通して連なり、壁の下地になる水平材。腰貫（こしぬき）とも言う。

*4　セメント等を材料とした塗り壁仕上げの総称。

*5　薄くスライスされた石の屋根材。

*6　アスベスト（asbestos）。石綿を主原料とした屋根材で、一時期日本では流行した（現在では健康被害があることが分かり使われていない）。

突は木造の二階梁や、胴差しにしっかり鉄物で締めつけます。

これは、中流の住宅の経済的耐震方法です。

それで、次回には市内の小売店舗の耐震耐火構造の事を図面をもって説明しようと思います。

二　小売商店のために

(一)

東京市内にある小売商店の大部分は間口を三四間しか持ちません。そしてその奥行きは十間まででしょう。それでその建築の奥行きを平均五間ぐらいにすると、その面積すなわち建坪は十五坪より二十坪ぐらいになります。二階建てにすれば延坪三四十坪になります。なんぼ経済的で簡単に建てましても鉄筋コンクリートの完全なものは一軒当たり一万五千円以下では出来るかどうか解りません。しかし二三軒かまたは一町内全部の隣人が共同して建てますならばたちまち経済的の問題は変わります。

＊7　亜鉛めっきを施し腐食しにくくした鉄釘。
＊8　両辺が等しいL型の断面をした鋼材。等辺山形鋼とも言う。

建築は面積が大きいほど、建坪に対する建築費の割合が安くなります。実際の材料の使用高も減じて来ます。何故ならば、二つの店の間の外壁が二つあるべきところが一つで間に合います。また柱の太さもいくぶんか小さくしましても、連絡した長家（ながや）式になりますから、力の点において利益します。もちろんその建築の実際使用面積が広くなって得をします。そう言う風にすると一軒に一万円ぐらいで完全なものが出来る見込みがあります。

隣り合わせの外壁すなわち共同の壁を特別に丈夫な鉄筋コンクリート造とするならば、店同志の防火設備は充分です。そればかりでなくお互いの間に、音響が洩れる恐れはありません。そう言う骨組みが出来ましてから表と裏の外壁をやはり鉄筋コンクリートで作ります。その窓はもちろん、鋼製の窓枠にワイヤグラス（金網入り硝子）を使います。裏の外壁は最も簡単にセメント塗りで仕上げてしまいます。表通りの方はなるだけ奇麗な形に面白く仕上げて、そして各個の店ごとにその建築様式とか飾りとか、色とかで隣りと違ったように仕上げるなれば、商店の主人の心を顕わすばかりでなく、店としての品位を保つ事が出来ます。高さの低い、面積の広い建築は、大地震の時一番耐震的で実際に結果がよいのでした。たとえば、東京中央ステーションや帝国ホテルはそれです。ですから以前に認めました通りの小売店舗を造りますならば結果は必ずよろしいでしょう。

（二）

普通の小売商店建築の欠点は、表間口全体が開け放しになっている事です。それで昼間に急な地震や火事が起こりますと、店にある品物を片付けた後でなければ、戸を締める事が出来ませんし、また表の戸のしまい場所が悪かったりまた片付けてから一つずつ運んで来て戸締まりをするようですと、時間がとれて[*1]間に合いませんから、防火準備を瞬間にする事が出来ません。捲上げ鉄戸[*2]でも、毎日開け閉めして実際非常の時に早く締めるように用意しておいても、地震の時に、建てつけが少しでも狂うと、もう途中で引かかって締まらなくなり役に立ちません。またぴったり締めても、過日の大地震大火災の時には高熱のために狂ってしまった例がたくさんあります。そしてその両端や上下に出来た隙間から火は遠慮なしに内部にはいりました。ゆえに今

＊1 時間がかかっての意。
＊2 シャッターのこと。

度の耐震耐火の小売店のやり方は考え直さねばならぬと思います。

ところが、表間口を普通のワイヤグラス窓で締めてしまうと、店を耐火的にする事が出来ても、品物は表通りよりも見えなくなりますから、お客が来なくなる心配があります。

一番簡単な方法は大きな透明あるいはプレート硝子の飾り窓を作って、その陳列場の裏の間仕切りを鉄筋コンクリート壁にワイヤグラスを入れて、それで防火装置を致します。火事でわずかの陳列品を焼いても商店は大丈夫焼ける事はありません。

(三)

『百聞は一見にしかず』とでも申しますか、ここで図面（二二九頁〜）を御覧下さい。

この図面はいろいろになりますが、皆三間半四間の間口に奥行きは四五間の標準小売商店を設計しました。またその階下の重要のところを小売店にして、二階をあるいは住居に、または貸事務所等に使う事の出来るように設計してあります。あるものは階下の半分を店とし後ろの半分を住居として設計したものもあります。しかし、いずれにしても、店の入口と住居の入口は別々にしてあります。その理由はいろいろあります。

第一　家族のプライヴェシーのために

（プライヴェシーとは、その家庭の各個人の自由と、便宜と、品位の保持のために必ず必要な人格尊重的の設備です。すなわち個性尊重の設備です）

小売店を持っている家族が文化生活を遺憾なく実行する事の出来るためです。また、子供達が店で遊んで、邪魔をする事のないために必要です。さらに家族が買物のために出入りをしたりして店の中を通る事のないようにします。

第二　貸し部屋を便利にするために

第三　将来、日本の商人が欧米と同じように日曜日全体をした時店を閉めても住宅の出入りを邪魔しないようにします。今でも銀行会社学校が休みますから、将来小売店も日曜日は休むはずです。商人は特に健康のた

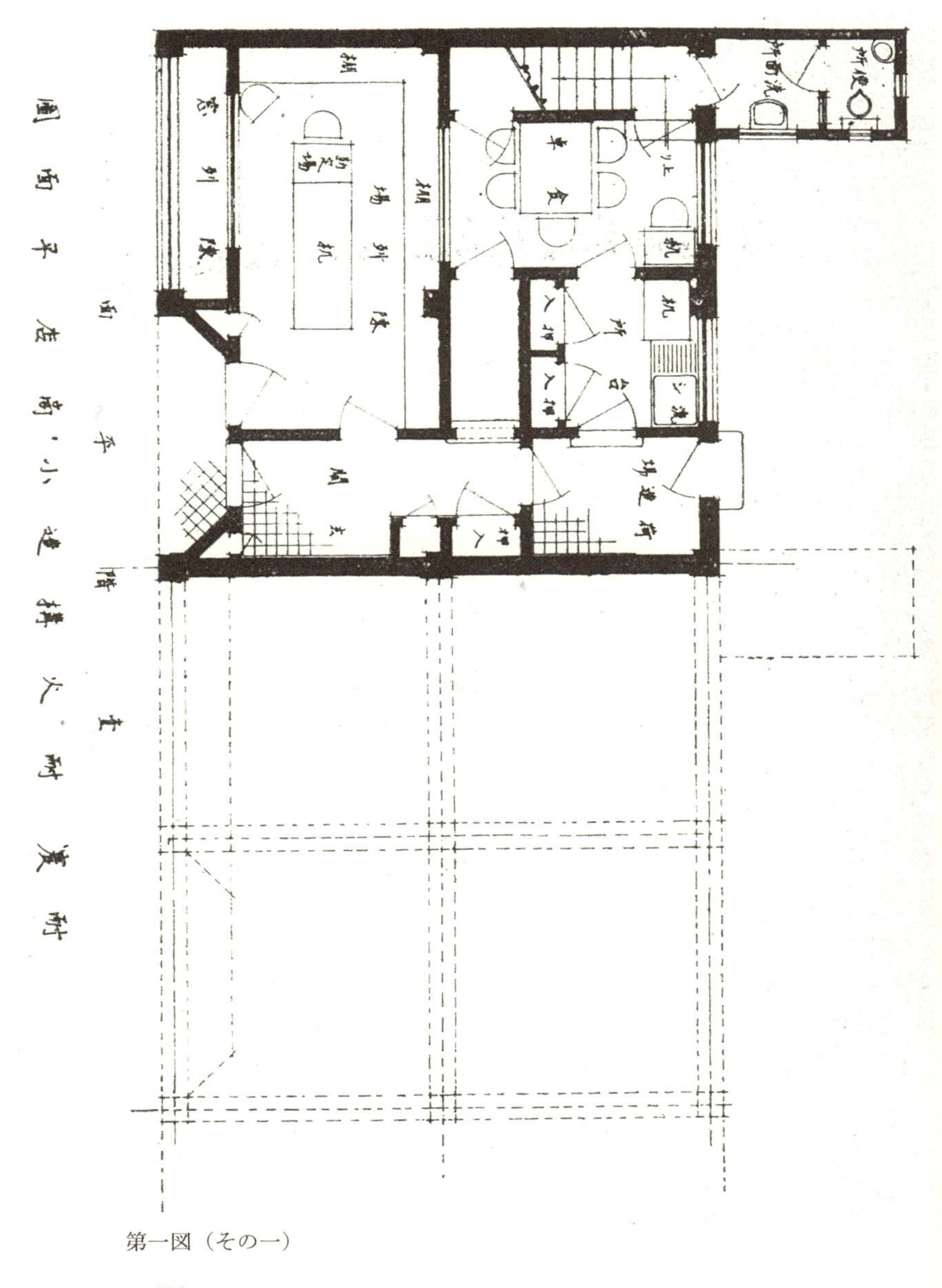

第一図（その一）

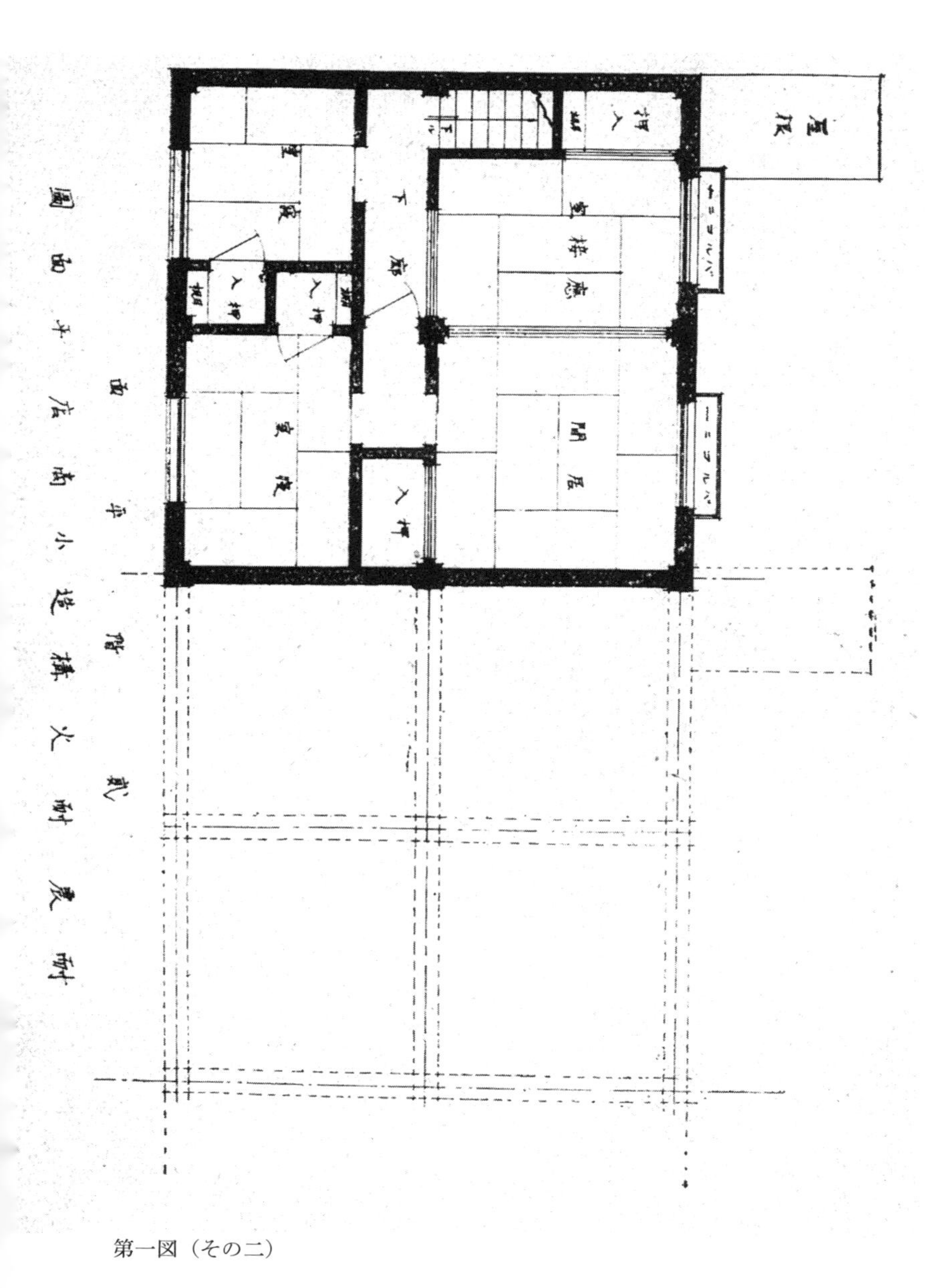

第一図（その二）

めまた精神修養のために毎週、一日を、商売を捨てて頭を奇麗に掃除して、精神的の食物をたべて、人類の向上のために努力して貰いたいです。

第四　防火戸を作ってありますから、店の商品が焼けても住居は残るようになります。

この勝手入口のために間口は三尺または四尺減りますが、しかしそのように幾十倍した文化的の価値がある事になります。

(四)

それから図面について見ると、第一図は間口四間、奥行き四間です。そして最も簡単なものです。独立に一軒立てますと鉄筋コンクリートの柱が九本だけで全体の骨組みを保ちます。ちょうど八本の柱で外壁を作って中央に一本の柱を立てるのです。床(ゆか)の正味の面積、二間角の場所が四個出来ます。そして構造は楽で力の計算も易(やす)いです。さらに建築費用も経済的です。柱と柱の間は鉄筋コンクリートの壁または間仕切りを自由に入れる事が出来ますから内部の勝手は各個人の希望通りにする事が出来ます。この図面通りに仕上げるならば、表は店の入口に勝手の入口を、並べてつけます。そしてその入口のかたわらに二間の広い陳列窓をつけます。そして窓の後ろには前述の通りに防火装置があります。

店の入口は鉄製の戸で、営業時間内は開け放しとします。戸は壁にぴったりつきますから邪魔にはなりません。夜と、休業日と火災の時に、しっかり締めますのに時間は少しもかかりません。もし第一図の入口より店の入口が必要ならば入口そばの三角の陳列店への出入口を止めて入口を三尺より五尺に拡げる事が出来ます。この店の売り場は小さいですから売り場の小さくてよい商業の人のために適当です。売り場を大きくするのは、第三図を見て下さい。

第一図の勝手入口より入って、第一に玄関があり、その玄関に自転車入れ、下駄、傘の戸棚が二ケ所あります。また三角形の押入れは掃除用具を入れます。玄関からまっすぐ行くと荷造場があります。店のためです。その荷造場より裏口に出ます。玄関より二段上がると勝手の炊事場と食堂があります。その外の住宅のすべての設備は皆二階にあります。

しかし階段の踊り場から、洗面所と便所の往復が便利に出来ています。階段は食堂より上がります。また階段の下は押入れになっています。

二階に上がると四つの部屋です。八畳一室六畳二室四畳半一室があります。各室に押入れがあります。床(とこ)の間は不経済ですから止めます。必要なら八畳の座敷に釣床(つりどこ)を作る事が出来ます。座敷から手すり付きの狭い縁をつけます。裏側ですから蒲団や着物が干せます。物干しは洗面所の屋根に作るのもよろしい。

八畳と六畳の間は襖で仕切って、時には開け放す事が出来ます。しかし、表側の六畳と四畳は全く連絡をつけません。そしてそれは寝室のつもりです。もしこの建築を理想化するなら、表を北向きの土地が適当です。それは次の二つの理由から、

(一) 居間と座敷が南向きの光線を受けるようにすること。

(二) 陳列窓に日光を受けないようにして商品を貯えるのに便利にします。

すなわち店晒し(みせざら)になるような強い日光を入れない事にします。

その外側の形は、図面にあるようにいろいろの様式に設計します。図面に

は三軒並べて、三軒共姿を変えておきました。

（五）

第二図を見ます。間口は三間半で第一図より三尺小さくなります。が、奥行きは五間で第一図より一間長くなります。大体を見れば第一図とほとんど変わりませんが、幅三尺狭くすると、幅が取れないから階段の場所が変わります。すなわち第三図の玄関より上がります。そしてこの変更は便利です。特に二階を貸すなら借り手は便利に出入りが出来ます。それから二階では各室が独立するようにします。そして、床（ゆか）は板でも畳敷きでも自由です。外側の恰好は第一図と同じように、いろいろの様式にする事が出来ます。

（六）

第三図を見ます。

間口と奥行きは、第一図または第二図と同じです。第一図第二図、及び第三図の家の構造もほとんど同じです。変わった点は内部の間取りです。

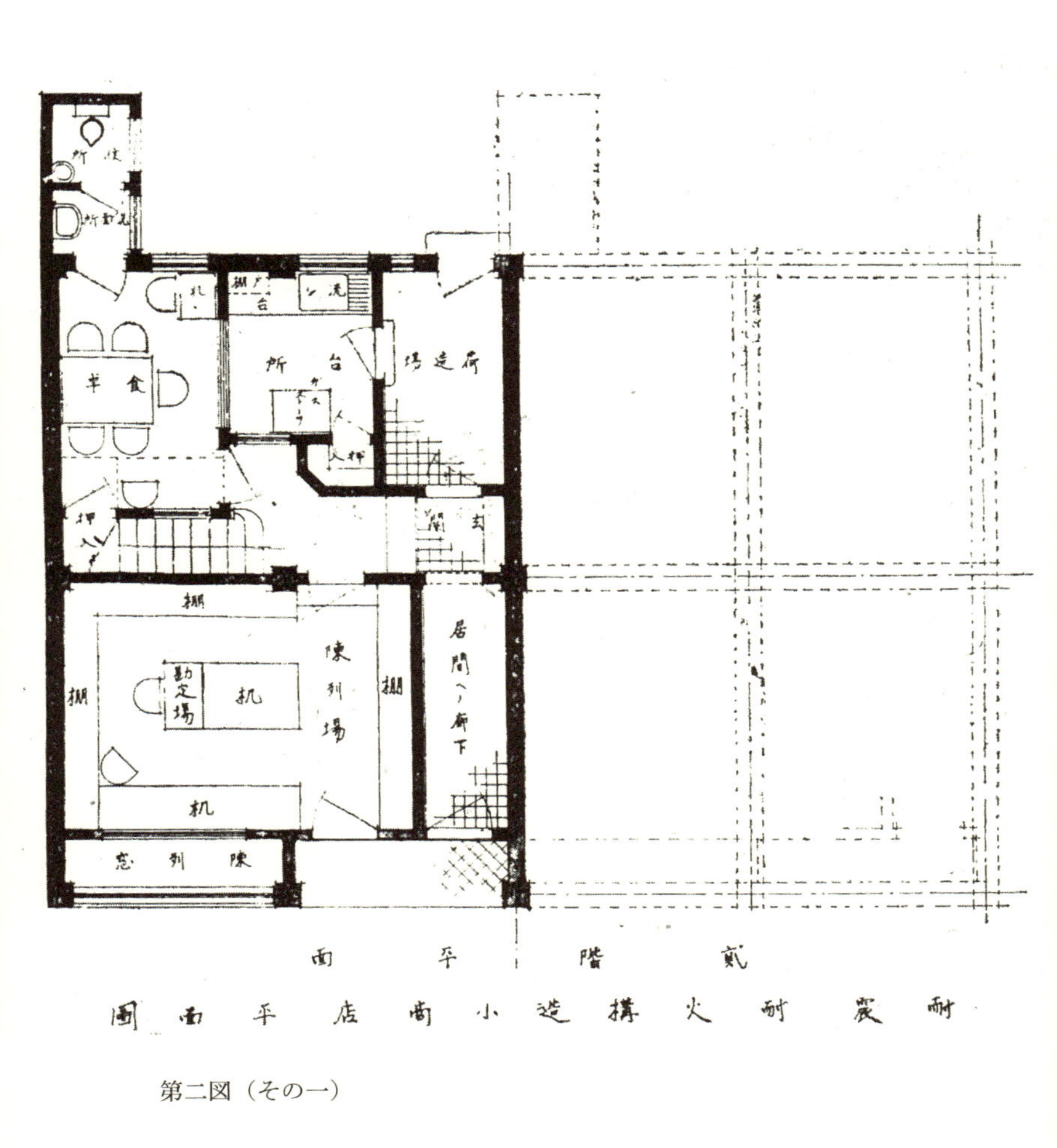

第二図（その一）

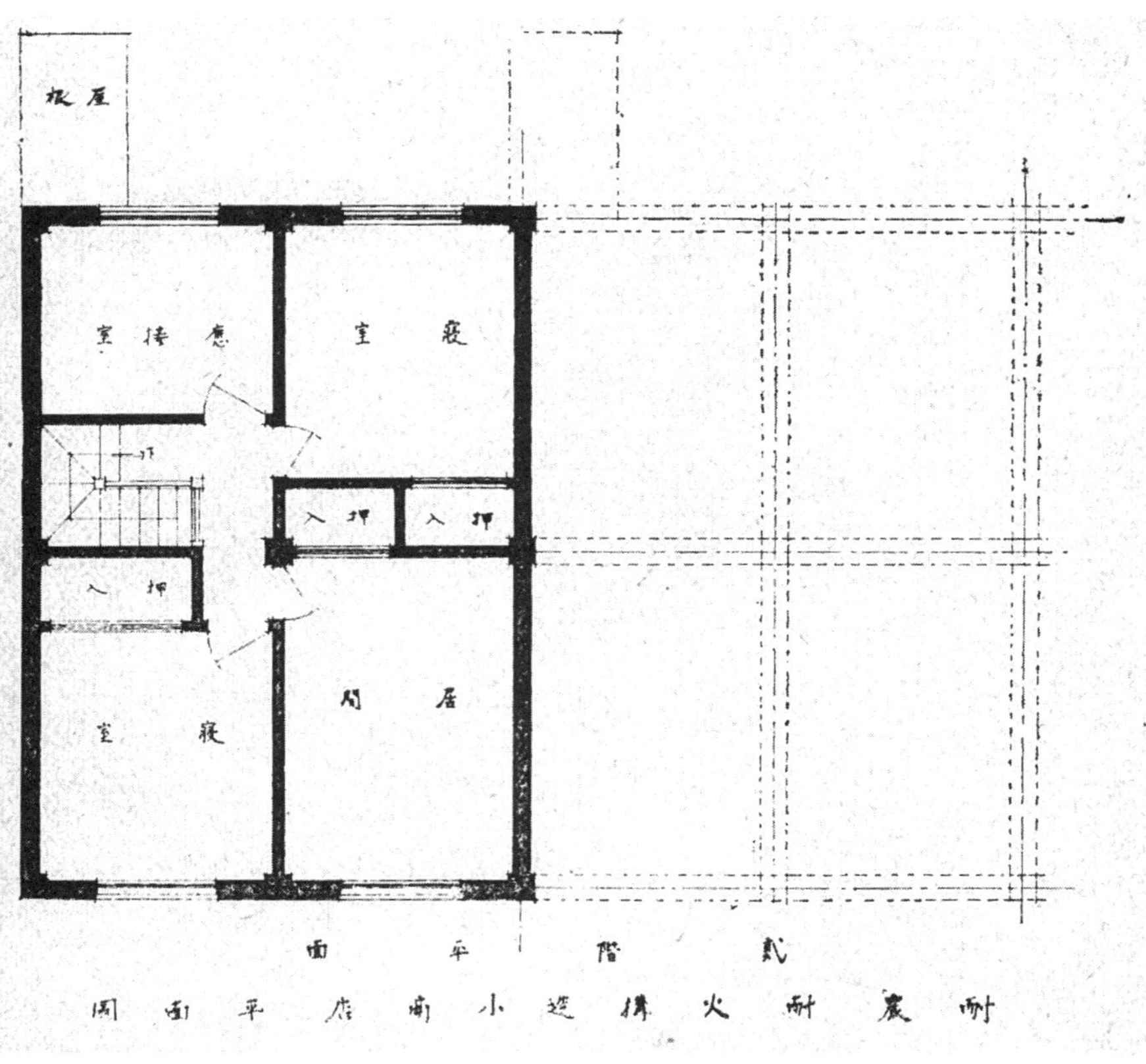

第二図（その二）

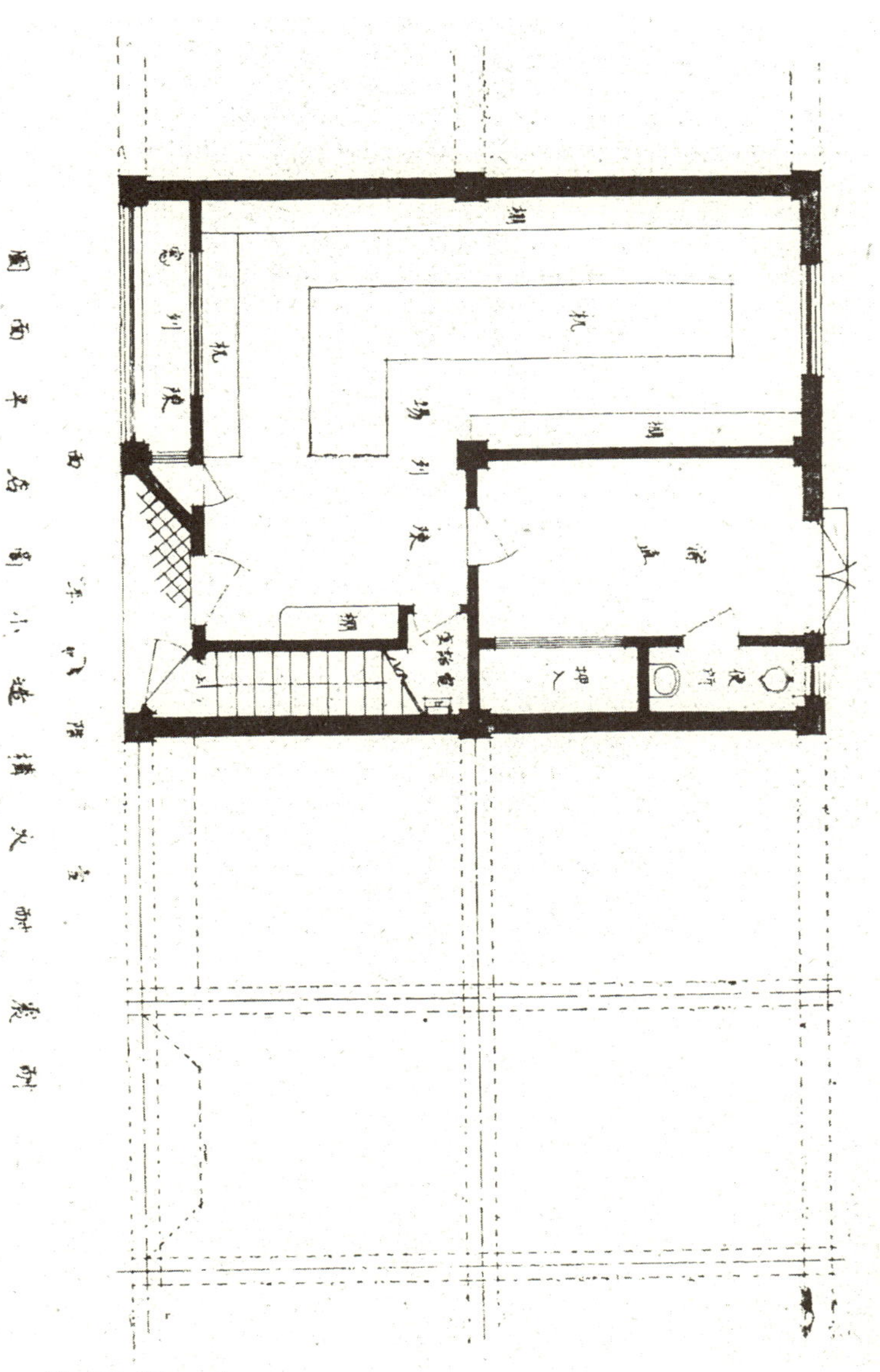

第三図（その一）

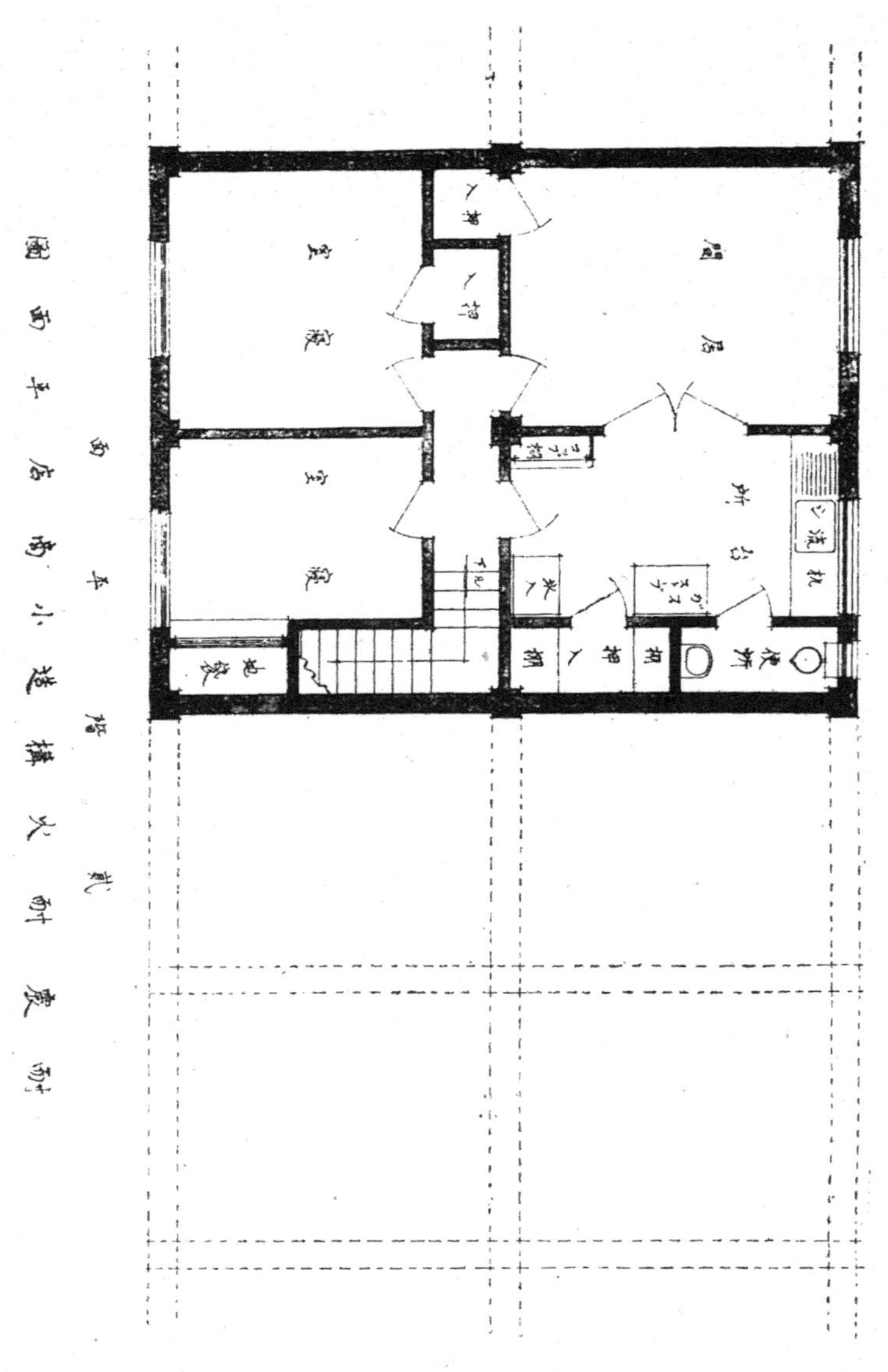

第三図（その二）

第三図の目的は、店を大きくする事、住居を比較的に多く、店舗より離してみました。そのために一階全体は売り場に荷造場です。勝手入口はやはり店の入口のそばですが直ちに階段にかかりまして二階に昇るようにします。二階は台所から居間も寝室も洗面所便所も皆あります。

他の設備は従前のとあまり変わりません。表の様式はどんなにでもやはり出来ます。

（七）

第四図を見ます。

第三図と同じですが、住居と店とを全く別々にする設計ですから、階下に売り場と当直の番人部屋があります。二階は第三図と同じように表通りより直接に上がります。そして階上は全部が貸事務所になります。そのために二階へ行く階段の踊り場から、お客の便所に行ける事にします。その貸事務所は一個人または数人に分けて貸す事が出来ます。すなわち間仕切りは変更の出来るように設計します。

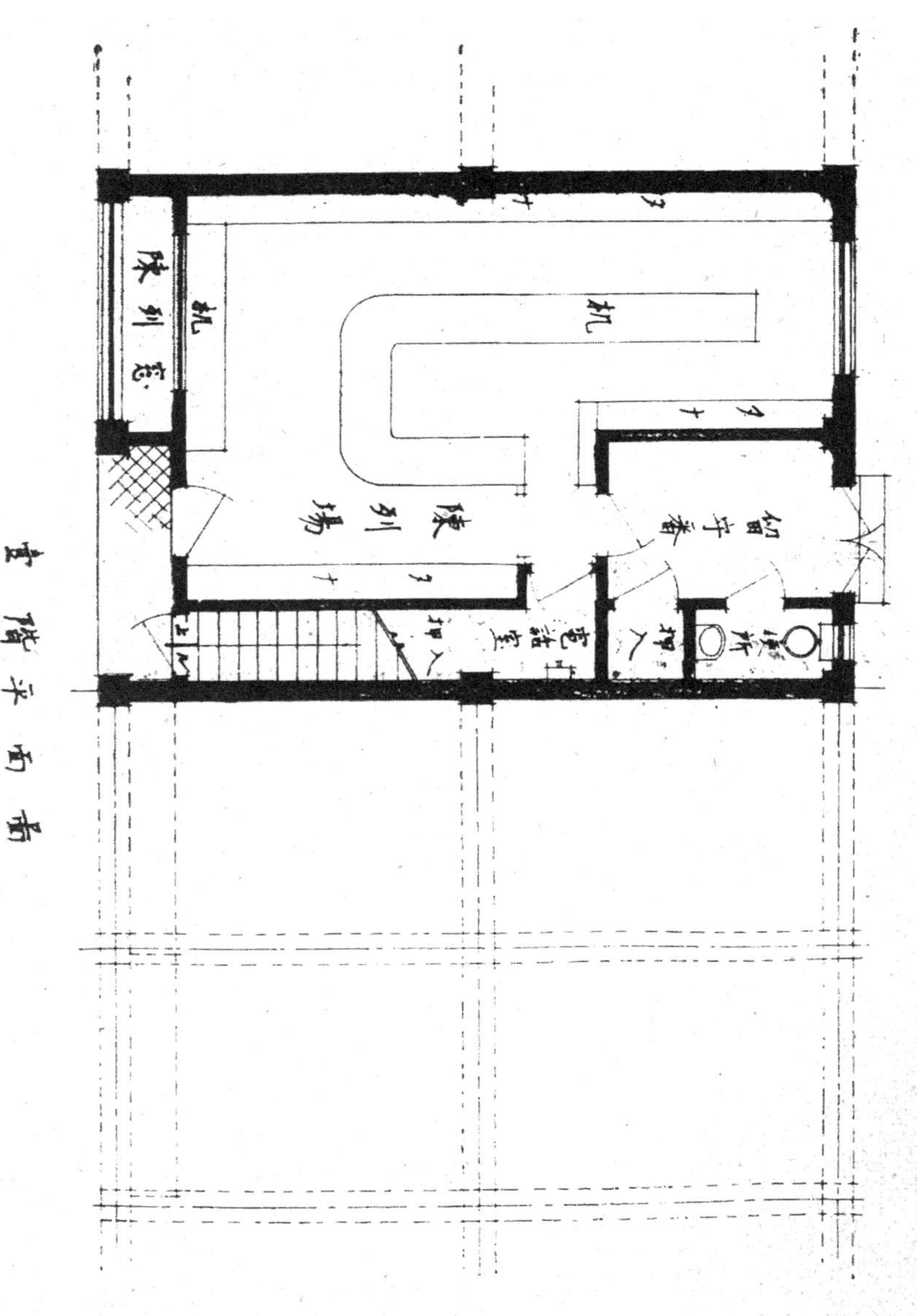

第四図（その一）

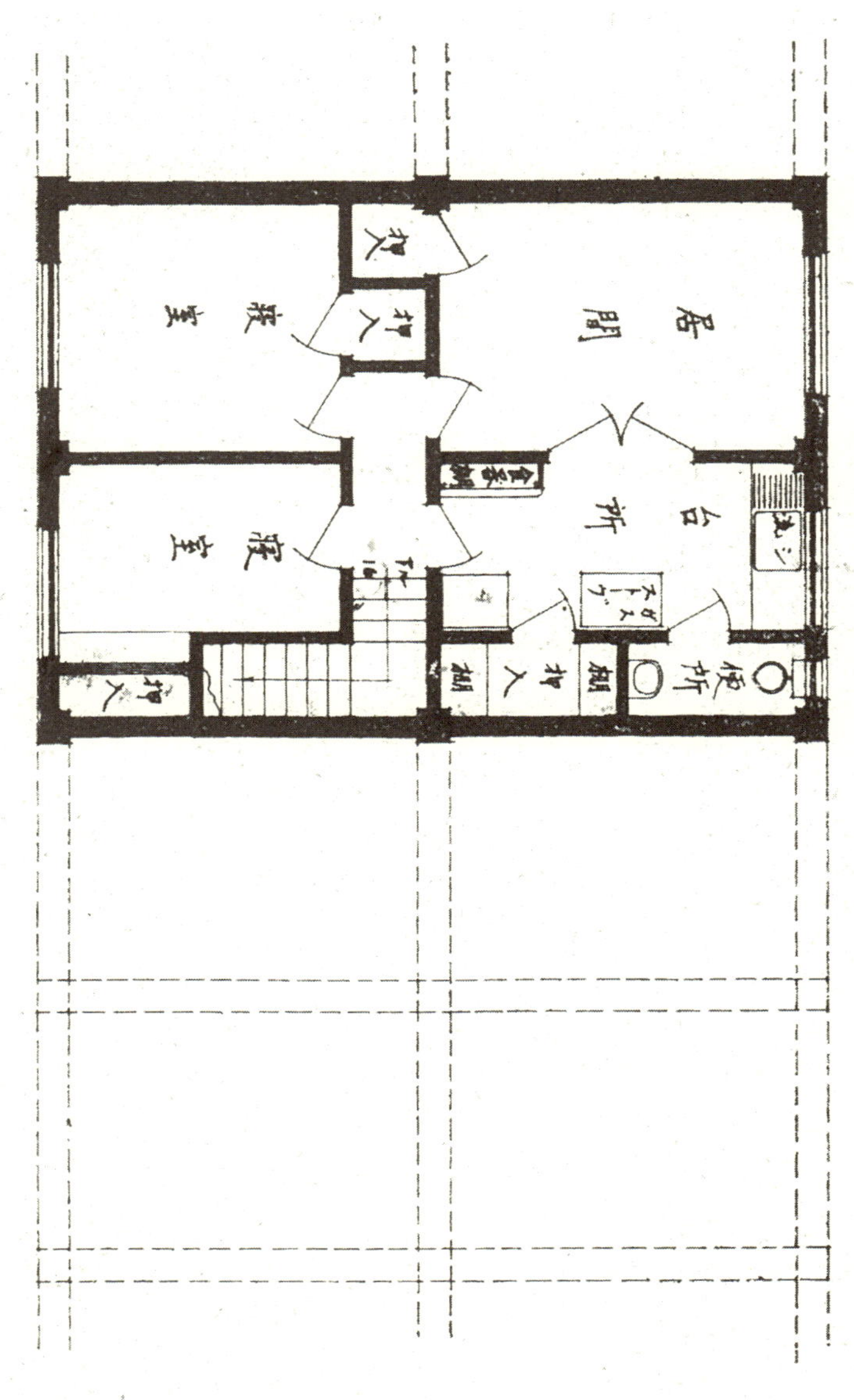

第四図（その二）

（八）

第五図を見ます。甲と乙があります。

両方共三階建てです。一階は第三、第四の両図を使いますから説明しません。第五図はただ二階と、三階の図面だけを掲げます。甲は全体を貸事務所にして、乙は二階を貸し三階を住居のアパートメントとします。乙の方も変化して、全部すなわち、二階と三階を住居とするなら、一家族ばかりでなくして、貸間を作る事が出来ます。部屋の中は洋風でも和風にでもする事が出来ます。もちろん表側もいろいろ趣味をもって様式を定める事が出来ます。

（九）

もちろん、今までの四五の設計と説明とでは充分、問題全部の解決はつけられませんが、これはただ参考としていただくつもりで作ってみました。

場所により、商売の種類によって、また予算にも関係して、いろいろの設計をして各個人について題を解かねばなりません。このたびの文章の目的は

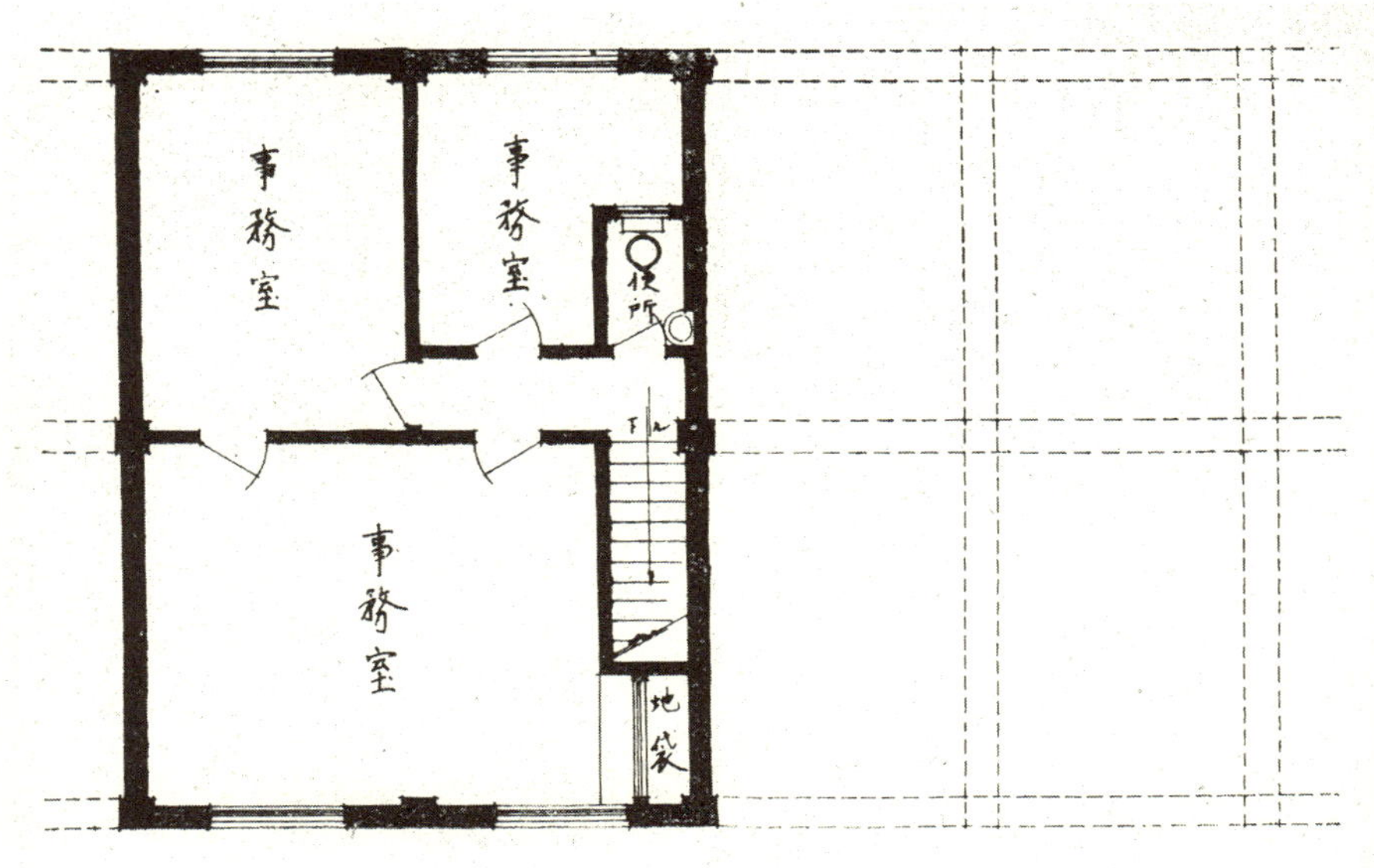

貳階平面圖 D

耐震耐火構造小商店平面圖

第五図の甲（三間半間口）

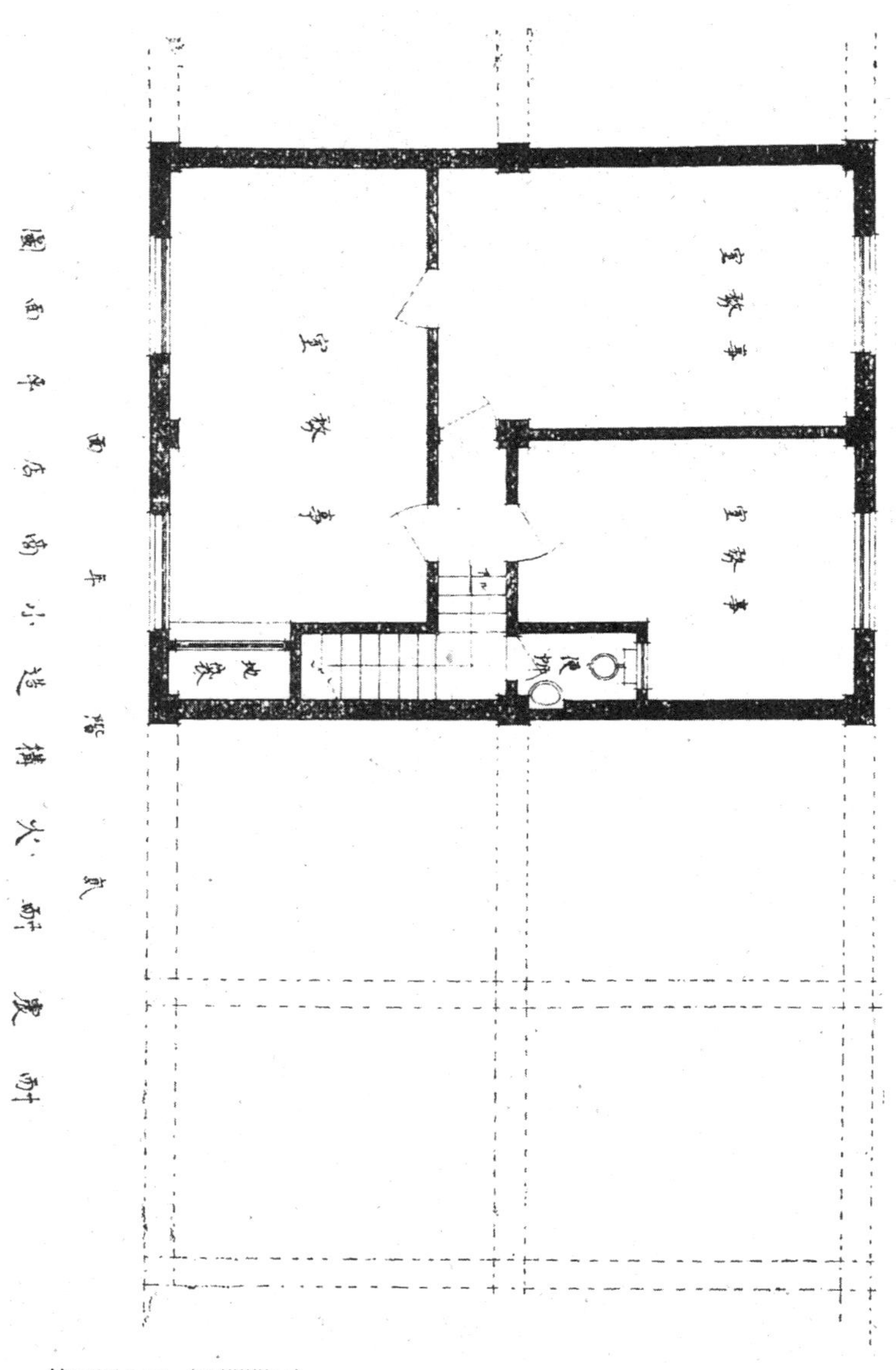

第五図の乙（四間間口）

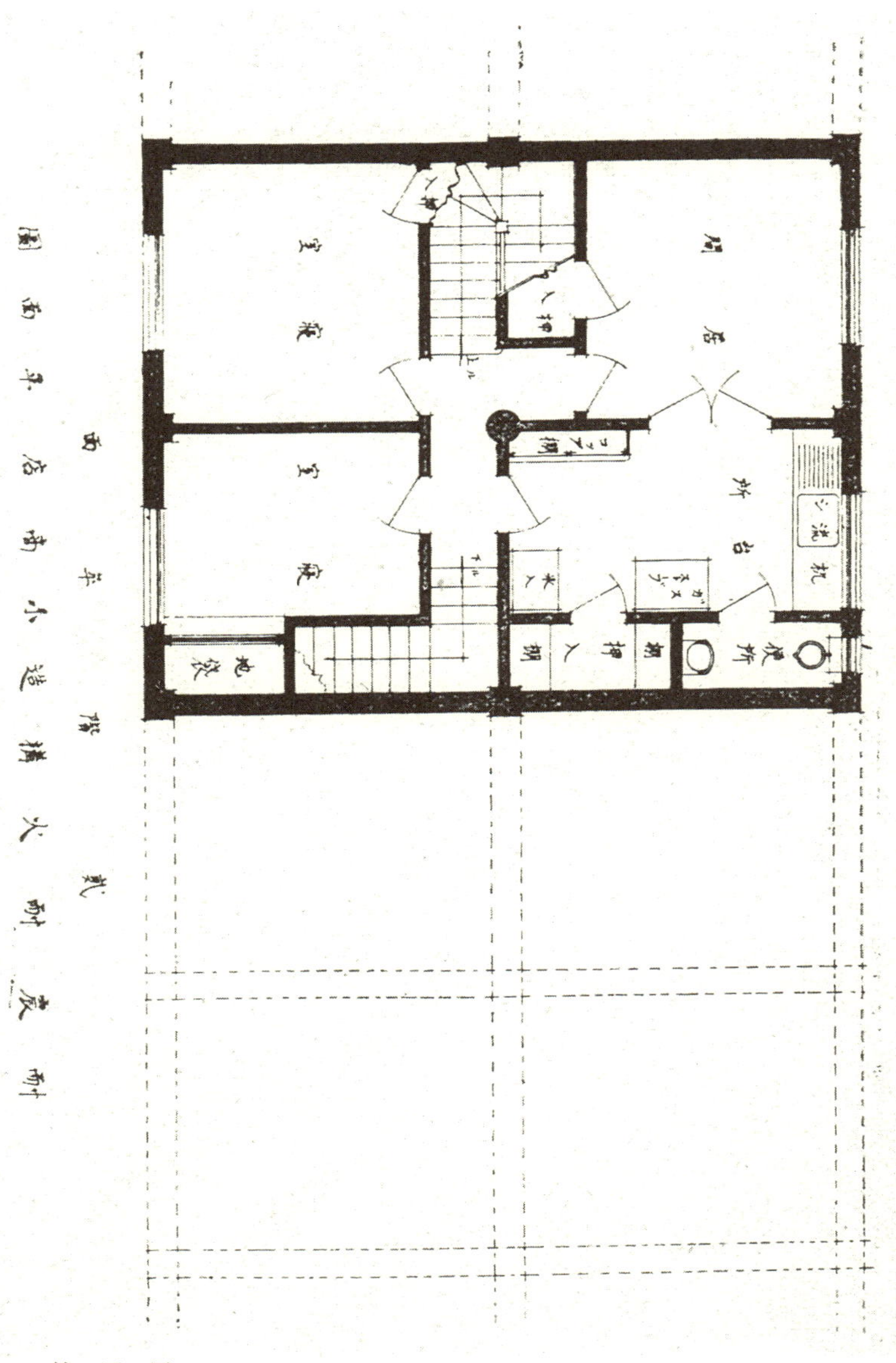

第五図の甲

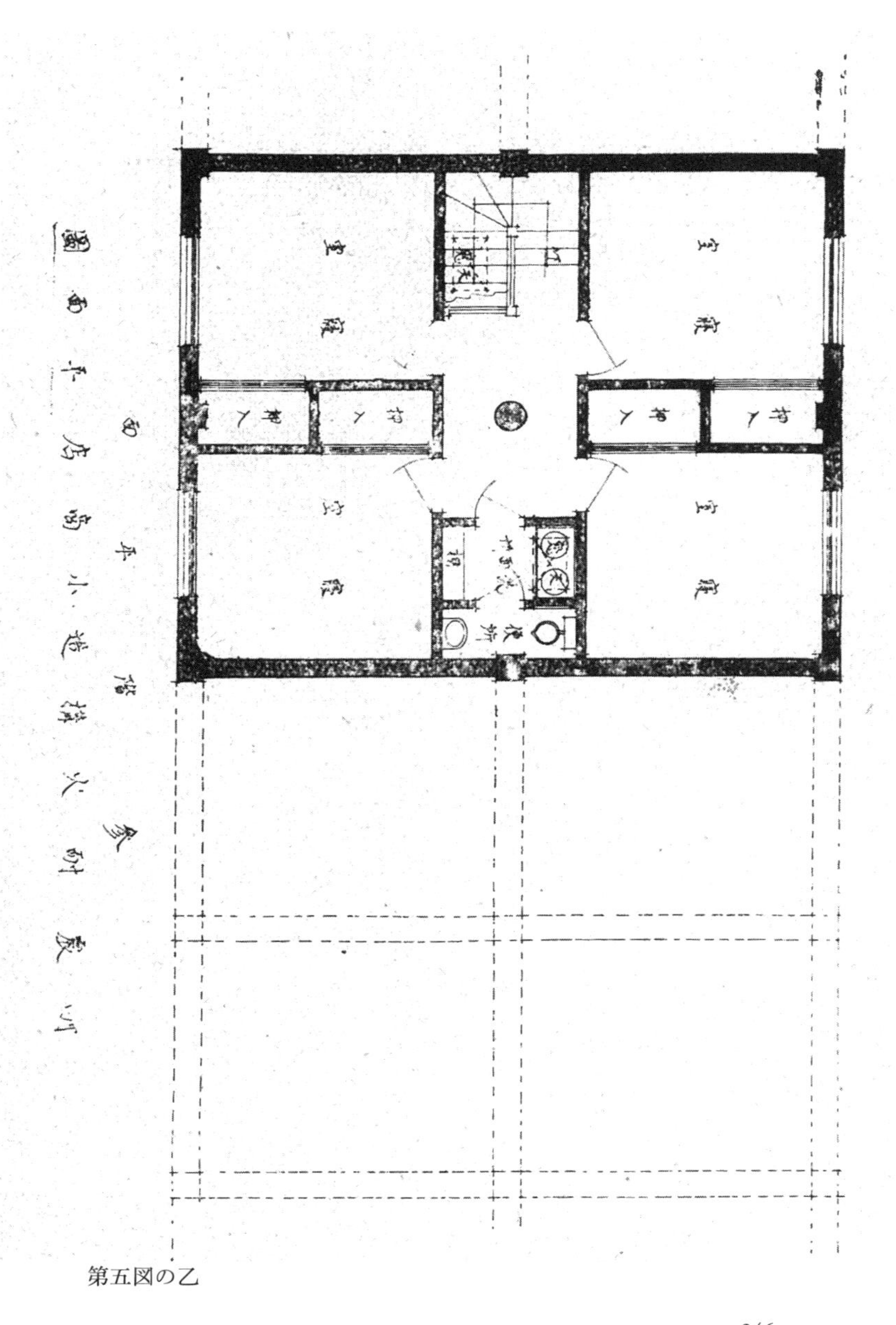

第五図の乙

なるたけ簡単に、将来の小売商でも、耐震耐火で永続的の建築を作って貰いたいための希望と、建築士としてまた社会の改造を見たいために、かつ、日本を愛する熱情から筆を執りましたのです。

解説

一粒社ヴォーリズ建築事務所

今日も伝えられる不思議なヴォーリズの魅力

一九六四（昭和三十九）年にW・M・ヴォーリズが亡くなり、五十年以上の月日が流れた。近江八幡の地に眠るヴォーリズは、ある意味で過去の人ではある。しかしながら、不思議なもので、彼の手がけた建築は懐かしがられ、今なお注目を浴びている。現在でも多くの人々がその活動拠点であった近江八幡を次々と訪れてくる。近年では雑誌、新聞、テレビなどのメディアで紹介されることもあり、「ヴォーリズ建築」は静かなブームにもなっている。ヴォーリズ率いる建築事務所が世に送り出し、遺（のこ）した建築や、その建物にまつわる物語が、時を超えて人々の心を捉えているようだ。

ヴォーリズの建築が表舞台に出てきたのは、建築・設計事業の開始から百年を超える長い歴史の中でも、ごくごく最近のことである。滋賀県豊郷（とよさと）町という小さな町の古い小学校の改築をめぐる報道が全国をかけめぐり、ヴォーリズの名が全国に知れわたった。最近では、大阪の大丸心斎橋店の建て替えをめぐる話題でも「ヴォーリズ建築」と紹介された。そうしたことが伝えられるたびに、不思議にも新たなヴォーリズ建築ファンが増えていく。身近に触れていながら気がつかず、あるいは自分の身近なところにヴォーリズ建築があったことを改めて知った方々も多いと聞く。それらの方々にとっては、自身の原風景にもなっている建築に「ヴォーリズ」というキーワードが与えられると、それが思い出の宝箱を開ける鍵であるかのように感じられるのだろうか。

先年、兵庫県西宮市の神戸女学院大学のキャンパスに残る十二棟のヴォーリズ建築が、国の重要文化財に指定された。それだけではなく、ヴォーリズ建築事務所が手がけて登録文化財の指定を受けた建築は、北海道から九州に至る全国に点在している。外国人建築家でありながら、日本で戦前までに千以上の建築案件を扱い、戦後も含めると国際基督教大学（ＩＣＵ）をはじめ現役時代に二千七百余りの建築物を手がけた記録が残るヴォーリズ建築の魅力は、いったいどこにあるのだろうか。

『吾家の設計』の時代背景

一九二三（大正十二）年に初版が刊行され、関東大震災を経て五版まで版を

文化アパートメント

重ねた『吾家の設計』は、昨今では研究者だけではなく一般のヴォーリズ建築ファンにとっても幻の著作と言われてきた。同書初版の巻頭言でヴォーリズが語るところによれば、それまで経験してきた住宅建築計画について連続講義をと要請され、それに応えたようだ。その内容を書き起こしたのがこの書である。

この書の発行をした団体は文化生活研究会という。この団体は、一九二〇（大正九）年五月に森本厚吉、有島武郎、吉野作造らが発足させた社会教育運動、生活改善運動の推進を目的とした運動体であった。その機関誌として発行された「文化生活」は、後年に近代教育史、思想史のみならず、女性史、家政学、住居学研究に必須の文献となったという。森本はその文化生活運動をより具体的に実践するために、文化生活研究会（のちに文化普及会）を設立し、東京・本郷での文化アパートメントの建築（ヴォーリズ建築）や、教育機関として女子文化高等学院（現・新渡戸文化学園）も創立した。森本はアメリカでの長い留学生活時代からこのような文化生活運動を構想していたようで、大正デモクラシー期の社会運動として画期的なものであった。文化アパートメントが建っていた東京・お茶の水界隈には、同じく社会生活改善運動に取り組んでいた佐藤慶太郎の財団法人佐藤新興生活館（現・山の上ホテル本館）や、東京家政研究会を設立した石川武美の「主婦の友会館」があって、それぞれヴォーリズ建

佐藤新興生活館

主婦の友会館

築事務所の作品として知られている。この団体の運営組織の評議員の一人にW・M・ヴォーリズも名を連ねていた。これらの運動体に参加していたヴォーリズゆえ、新しい時代の住宅に関して連続講義を要請されたのだろう。しかもそれだけではなく、ヴォーリズと彼らの接点に、キリスト教の理念を共有する同志としての絆があったことも忘れるわけにはいかない。

現代の便利な生活に慣れている私たちは、『吾家の設計』の編まれた時代における社会実態を思い描き、それを理解した上でこの書をひもとく必要がある。たとえば私たちは、生活に欠かせない道路、電気、ガス、上下水道などをあって当たり前のものと思っている。しかし、この書が世に出た時代は、ごく一部の大都市の市街地を除けば、こうした社会基盤が備わっていなかったことを念頭に置いておく必要がある。

ヴォーリズが建築家になることを志していた二十世紀初頭、アメリカでの建築事情は、日本のそれとはまったく次元を異にするほど成熟していた。それゆえこの『吾家の設計』で紹介される内容は、彼の母国ではすでに一般的にもよく知られている常識のものであったと言える。

ヴォーリズの著作に対して、まるでヴォーリズが日本の住宅事情を劣悪一辺倒であるかのように扱い、西洋生活を押しつけているかのようだ、と評する研究者もいた。しかし、先に述べたように、大正デモクラシーが当時の社会で注目され、生活改善運動が論じられる中でこの書が出たという事情を加味すれば、新しい生活に関心を持つ人々の間に、この書が歓迎されたことも理解できよう。

ヴォーリズが率いる建築事務所では、彼の母国における最先端の建築事情の情報を簡単に入手し、必要な写真や文献、カタログなどを、東京や大阪のような都市圏ではなく、滋賀県の片田舎であった近江八幡のデスクに持ち込むことができた。これはヴォーリズ建築事務所にとって大きな強みであった。

また、彼の建築事業は、いわゆる「お雇い外国人」のそれではなく、自らの伝道活動を自給で成り立たせるため、また日本の風土や日本人の生活を理解しようという積極的なアプローチから建築計画を練り、独自の方法で生活改善運動に寄与しようとする立場をとっている点が、非常にユニークであったと言えるだろう。

ヴォーリズの建築事業のはじまり

一九〇八（明治四十一）年に、京都ＹＭＣＡの建築現場監督の仕事を得てはじまった建築事業であったが、この段階でヴォーリズが建築専門家として自立できていたわけではなかった。彼にとってはまずもって自活し、当初の目的で

一九一二（大正元）年頃の近江ミッションの団員。ヴォーリズ合名会社の設立メンバーである村田幸一郎（左端）、チェーピン（左より二人目）、吉田悦蔵（右より四人目）、ヴォーリズ（右端）とともに

ある日本での伝道活動資金を得ることが先決であった。そんなヴォーリズを支えたのが、八幡商業学校での教え子であった吉田悦蔵、そして村田幸一郎である。京都YMCAではさらに新たな出会いが待っていた。アメリカの伝道団体であるアメリカン・ボードに関係する宣教師たちとの出会いである。京都YMCAの建築に関わるため、京都でヴォーリズの世話をしたのは、同志社大学の設立当時からの宣教師たちであり、彼らは同時にYMCAにも関係していた。ヴォーリズが同志社のカレッジ・ソングの作詞をしたのもこの関係からである。

体調を崩し、療養のためにいったん帰国したヴォーリズが再び日本に戻って来る際、彼は一人の同志を伴っていた。レスター・チェーピン（Lester Chapin）である。チェーピンは、ヴォーリズが来日するきっかけとなったSVM（海外宣教義勇団）のメンバーでもあり、アメリカのコーネル大学建築学科を卒業した人物で、ヴォーリズ合名会社の設立にも加わった。来日後三年間は、近江八幡で創設間もない頃の建築技術者として建築事務所を支え、帰国後もニューヨークにおいて、ヴォーリズの事業を長きにわたって支え続けた。こうした関係があるからこそ、ヴォーリズは日本に居ながらにして、アメリカにおける最新の住宅事情や建築に必要な情報を得ることが可能だったのである。また一九一二（大正元）年にはオハイオ州立大学建築科を卒業し、建築設計の実務経験を

夏期には軽井沢事務所を開設した

持っていたJ・H・ヴォーゲルも、建築技師として加わった。彼もまたヴォーリズと同じく海外宣教を目指す一人であった。ヴォーリズは教え子でもあった吉田悦蔵、村田幸一郎とともに建築事務所をいよいよ本格的に始動させた。

ヴォーリズが正式に建築設計監督をはじめる意思を持ったのは、おそらく八幡商業学校の英語教師の雇用契約が更新されないことが明らかになった一九〇七（明治四十）年春頃であったと思われる。彼の建築が全国に広がっているひとつの理由は、当時日本でのキリスト教伝道のために遣わされたキリスト教各派の宣教師たちからの受注が、軽井沢のいわゆる外国人村で得られたことが挙げられよう。来日してすぐの一九〇五（明治三十八）年夏にはじめて軽井沢入りしたヴォーリズは、そこで多くのキリスト教伝道の同志たちと出会う機会を得るなど、生涯にわたって軽井沢の地を愛した。毎夏の二か月間滞在した軽井沢では、ヴォーリズに建築の相談を持ちかける宣教師たちが連日訪れてきたという。

こうして、ヴォーリズは一九〇八（明治四十一）年に建築事務所を立ち上げ、日本での建築設計活動を本格的にはじめたわけである。

コロラド・カレッジ卒業時のヴォーリズ。この翌年の一九〇五（明治三十八）年に英語教師として来日する

建築事務所の発展に寄与したネットワーク

ヴォーリズ建築事務所が知られるようになった背景には、もうひとつ、当時の在日外国人のネットワークを機能させた情報誌「The Japan Evangelist」の存在がある。一九〇七（明治四十）年に出版されたこの冊子の中に、彼は建築の宣伝広告を出している。しかも驚いたことに、まだ建築事務所さえ立ち上げていないこの時期に、彼は「和洋折衷の建築計画を請け負う」と宣言している。この宣伝によって、少なくともこの情報誌を見た者は、近江八幡に建築計画請負の「ヴォーリズ」という人物がおり、夏には軽井沢にいることを知ることができた。そんなことから、当初のヴォーリズ建築事務所への発注者の多くは、宣教団体や宣教師、また外国生活を経験した富裕層の日本人であった。

自叙伝（『失敗者の自叙伝』）でも述べているように、大学の教養課程まで建築家を目指していたヴォーリズは、建築を専門的に学ぶマサチューセッツ工科大学に転籍して進学する直前に方針転換したために、建築の専門教育を受けていない。彼が学んだコロラド・カレッジは、基本的にリベラルアーツの単科大学であり、方向転換した後は「哲学」を専攻して修めている。それゆえか、大変面白いことに、彼の建築には単なる建築技術やデザイン以上に、哲学的な理念を大切にしようとする傾向が見られる。

関東大震災を契機として

『吾家の設計』の初版が出た一九二三（大正十二）年九月一日、神奈川県、東京府を中心に千葉県、茨城県から静岡県東部までの内陸部、沿岸に甚大な被害をもたらした関東大震災が勃発した。ヴォーリズはすぐに現地に駆けつけ、その被害の状況を調査して「マスタードシード（The Omi Mustard-Seed）」誌上で詳細なレポートを発信している。そして、この関東大震災は、日本の住宅のあり方に大きな変革の必要性が問われるきっかけとなった。

そこで『吾家の設計』も改訂版では内容が一部変更され、掲載されている事例図面も一部入れ替えて再版されることになった。今回の翻刻復刊は、初版の原文に加え、震災後に差し替えられた内容が巻末に増補されている。想像もしていなかった大災害によって、住宅のあり方も大きく問われることとなり、建物の強度を考える建築構造の重要性を人々に気づかせたのが、あの関東大震災なのである。

ヴォーリズ建築の究極の目的

ヴォーリズの住宅を評して「居心地のよい建築」「暖かい建築」「やさしい建築」などとコメントを付した雑誌を見ることがある。しかし、その言葉はあまりにも抽象的で、具体的に何が人々にそう言わしめているのかは実に興味深いことだろう。ヴォーリズの言葉として紹介される有名なフレーズがある。

「建物の風格は人間の人格と同じく、その外観よりもむしろ内容にあります」

この言葉は、一九三七（昭和十二）年に刊行された『ヴォーリズ建築事務所作品集』の巻頭言に含まれるひとつのセンテンスを訳出したもので、彼が建築についてさまざまの思いを吐露した文章の中で見出されたものだった。原文では「外観」は「服」にたとえられている。確かにヴォーリズ建築の魅力を「内部空間の豊かさ」と評するファンや研究者がいることも事実だろう。しかし、それだけで「ヴォーリズ風」と評してしまうことはできない。そこには、そもそも住宅とは何なのかという、ある種の哲学的、理念的な思想から語りかけられる要素が、随所に見え隠れしているからではないだろうか。

それを知る手がかりとして、冒頭で触れた文化生活研究会発行の雑誌「文化生活の基礎」第三巻第八号（一九二三〈大正十二〉年発行）の中に、ヴォーリズが寄稿している「真の文化生活」と題した一文の中で次のように述べている。

「家と私共の実際生活とは五つの点について、深い関係があります。即ち家と健康、家と教育、家と能率、家と道徳、家と宗教の五つであります。（中略）子供とその生まれた家との関係です。この文化生活の第一の目的は健康に好い生活をすることです。その家は宏大な家でもなく、贅沢な家でもありません。実際に自分の家族を保護する、身体を健やかにする家でなくしてはなりません」

また「湖畔の声」誌にも「私の夢」と題した一文の中に「文化住宅の理想」という小見出しで住宅に関する思いを語っているが、彼の最大の関心は、様式、意匠、装飾よりあくまで住む人の健康と、家としてのよい環境であった（「湖畔の声」一九五〇〈昭和二十五〉年十月号）。

こうした文章を目にするとき、ヴォーリズという人物に、建築家という印象をはるかに超える、何か大きなものを強く感じる。そしてヴォーリズの考える家には、形ある建築物の中に常に人の匂いを嗅ぎ取り、手を添えるような姿勢が垣間見える。ヴォーリズ建築事務所が世に送り出した建築物には、世代が変わり、持ち主が変わっても、同じ空間から漂う不思議な暖かさ、やさしさが潜んでいるのかもしれない。そのような「家」（HouseではなくHome）に対する思いを頭の片隅に置いて、この書にしたためられている言葉を味わうとき、時を超えて語りかけてくるヴォーリズのまなざしが、読者にも感じられるのではないだろうか。

最初は、自らの志である伝道活動の資金獲得を主たる目的としてはじめた建築設計事業は、彼の中では個々の建築主への伝道という思いに変化していったようだ。建築設計を通して、きわめて個人的な親しい関係ができた建築主たちの多くは、ビジネスを超えて親しい友人となり、近江ミッションのよき理解者となったことは言うまでもない。と同時に、大正デモクラシーの時代の要求や、関東大震災という大災害から見直されはじめていた日本の住宅事情に、ヴォーリズは一定の役割を演じたに違いない。また日本人固有の生活習慣を否定するのではなく、よりよく改善しながら、欧米の合理的な生活に必要な情報を具体的に提言したヴォーリズの言葉は、「家＝Home」を愛する多くの人々に歓迎されたはずだ。

事柄や時代、あるいは物や生活の新しさだけではなく、住宅(わがや)の究極目的として、住まう人の健康や幸せをもたらしたいと願ったヴォーリズの思いを、この書の行間から読み取り、味わってみていただきたい。

▽図版提供……公益財団法人近江兄弟社、一粒社ヴォーリズ建築事務所

▽本稿の参考文献は、『ヴォーリズ著作集2　吾家の設備』の巻末にまとめて収載しました。

索引

◆さ

◆た

著者略歴

ウイリアム・メレル・ヴォーリズ
(William Merrell Vories)

一八八〇年アメリカ生まれ。一九〇五年に英語科教師として来日。一九四一年に日本国籍を取得し、一柳米来留（ひとつやなぎめれる）と改名。のちのヴォーリズ建築事務所を設立し、滋賀県の近江八幡を拠点に、日本各地で数多くの西洋建築を手がける。教会や大学、商業建築から個人住宅に至るまで、数々の名作建築には今なお根強いファンが多い。著書に『吾家の設計』『吾家の設備』『失敗者の自叙伝』など。一九六四年没。

◇監修　一粒社ヴォーリズ建築事務所
◇協力　公益財団法人近江兄弟社
◇装丁　上野かおる

ヴォーリズ著作集（ちょさくしゅう）1
吾家（わがや）の設計（せっけい）

二〇一七年四月二〇日　第一版第一刷発行
二〇一八年一月二〇日　第一版第二刷発行

著　者　W・M・ヴォーリズ
発行者　矢部敬一
発行所　株式会社　創元社
〈本　社〉〒五四一-〇〇四七
大阪市中央区淡路町四-三-六
電話（〇六）六二三一-九〇一〇㈹
〈東京支店〉〒一六二-〇八二五
東京都新宿区神楽坂四-三　煉瓦塔ビル
電話（〇三）三二六九-一〇五一㈹
〈ホームページ〉http://www.sogensha.co.jp/

本書を無断で複写・複製することを禁じます。
乱丁・落丁本はお取り替えいたします。
定価はカバーに表示してあります。

印刷　モリモト印刷　組版　はあどわあく

ISBN978-4-422-50125-3 C0052

ヴォーリズ建築図面集 —W. M. VORIES & CO., ARCHITECTS Selected Drawings

一粒社ヴォーリズ建築事務所編、山形政昭監修・解説　ヴォーリズ率いる建築事務所では、学校建築やキリスト教建築をはじめ、小規模な住宅建築から大型の商業建築に至るまで、約1500件という膨大な数の建築物を手がけた。そのうち現在も資料保管庫に眠る約850件の貴重資料の中から、代表的建築物を中心に重要な図面を厳選して収載。多種多彩な作品それぞれの背景やテーマがうかがえる近代建築の第一級史料に加え、斯界の第一人者による解説および竣工当時の写真資料を付した記念碑的書籍がついに刊行。**A3判、上製、函入り・布クロス装、352頁(「キリスト教建築」「学校建築」「住宅建築」「商業建築その他」の4分野での代表的建築56件、全363点の図面を収載)**　**40000円**

吾家の設計【ヴォーリズ著作集1】

W・M・ヴォーリズ著、一粒社ヴォーリズ建築事務所監修、公益財団法人近江兄弟社協力　数々の名建築を残したW・M・ヴォーリズの代表的著作『吾家の設計』を完全翻刻のうえ、注と解説を加えて復刊。生活環境を整えるための普遍的で切実なメッセージがいま甦る。**2500円**

吾家の設計【ヴォーリズ著作集2】

W・M・ヴォーリズ著、一粒社ヴォーリズ建築事務所監修、公益財団法人近江兄弟社協力　人間中心の生活思想を込めたヴォーリズ建築は今もファンを魅了する。理想的な個人住宅設備のあり方を説いた名著『吾家の設備』を完全翻刻のうえ、注と解説を加えて復刊する。**2500円**

ル・コルビュジエ【「知の再発見」双書126】

ジャン・ジャンジェ著、藤森照信監修、遠藤ゆかり訳　20世紀最大の建築家と評される巨匠コルビュジエ。画家を夢見た少年期から、青年期の東方旅行、そして世界的名声を得るまでの人生を、建築作品、絵画、著作とともにたどる。**1500円**

昭和の日本のすまい —西山夘三写真アーカイブズから

NPO西山夘三記念すまい・まちづくり文庫編、松本滋編者代表　住宅学者・西山夘三が遺した、全国各地の戦前・戦後の人と住まいの記録写真&図版を600余点収録。もう二度と見られない昭和のくらしを収めた超貴重ビジュアル資料集。**4700円**

＊価格には消費税は含まれていません。